特別支援教育サポートBOOKS

はじめての
運動療育
よくわかるガイド & おすすめプログラム 100

理学療法士
運動療育さとや

谷河 慎介

明治図書

はじめに

「運動で生きる土台を育てる」

　私はこの想いを理念として，運営をしている運動療育さとやま（児童発達支援・放課後等デイサービス），巡回相談員として関わっている保育園・幼稚園の子どもたちに対して日々活動しております。

　「自分に自信がない」「毎日楽しくない」「生きるのが辛い」私の目的は，運動を通してこのような子どもたちを１人でも減らすことだと感じています。

　「関わる全ての子どもに根拠のある療育を提供する」という軸を持ち続けて活動していく中で経験した，子どもたちの課題や保護者からの相談は千差万別でした。

　そこでこの度，今までサポートしてきた課題や，いただいた悩みをそれぞれの項目に分けて合計100個の運動プログラムとしてまとめました。

　はじめて運動療育に携わる支援者や保護者にとって，本書が「運動療育」を知るきっかけになればと思います。

　子どもたちが毎日を「健康に笑顔に」過ごすために，本書が少しでもお役に立てれば幸いです。

2024年７月

理学療法士　谷河　慎介

CONTENTS

はじめに　003

Chapter 1　やさしくわかる はじめての運動療育

1　運動療育とは ……………………………………………………… 012
2　運動療育で何がどう変わるのか ……………………………… 014
3　運動が苦手な子の特徴とは …………………………………… 016
4　子どもの「気になる」をどう見ればいいのか ……………… 020
5　「運動療育」と心の問題 ……………………………………… 022
6　正しく取り組むポイント ……………………………………… 024

Chapter 2　運動療育おすすめプログラム 100

1　良い姿勢，悪い姿勢とは　　カテゴリ：姿勢（立位）／（座位）　028

1　**猫背が増加している** …………………………………………… 030
　　（1 肩甲骨のストレッチ／2 飛行機）
2　**反り腰は「腰痛」に注意** …………………………………… 032
　　（3 反り腰改善ストレッチ／4 お尻歩き）
3　**左右のアンバランス** ………………………………………… 034
　　（5 雑巾がけレース／6 逃げる輪につかまれ！）

4　椅子に座るとお尻が前にズレてしまう ……………………… 036
　　　（7 ハムストリングスのストレッチ／8 正座手押し相撲）

5　椅子に座らず「立ち歩き」をしてしまう ……………………… 038
　　　（9 サークル鬼ごっこ／10 しっぽとり）

6　椅子に座ると足をバタバタさせる ……………………………… 040
　　　（11 坂道平均台／12 おしくらまんじゅう）

2　最近の子どもの足事情　　　　　　　カテゴリ：足　042

1　「土踏まず」から土台をつくる ………………………………… 044
　　　（13 つま先歩き／14 玉入れ（足バージョン））

2　「浮き指」とは …………………………………………………… 046
　　　（15 タオル引き寄せ／16 足指ストレッチ）

3　踵が内側に向いてしまう外反足 ………………………………… 048
　　　（17 二本ロープ渡り／18 どっちにいくかな？）

4　子どものX脚とは ………………………………………………… 050
　　　（19 二人で引っ張り合い／20 ボールトンネル）

5　子どものO脚とは ………………………………………………… 052
　　　（21 ボール挟み／22 ぴょんぴょんボール運び）

6　反張膝とは ……………………………………………………… 054
　　　（23 動くボールに座ろう／24 ボール集め）

3　柔軟性を高めて怪我予防　　　　　　カテゴリ：柔軟性　056

1　両手を真上まで上げられない …………………………………… 058
　　　（25 ボール送り／26 イラストはずしゲーム）

2　しゃがむ姿勢ができなくなっている子どもたち ……………… 060
　　　（27 カエルジャンプ／28 ロープ避けゲーム）

CONTENTS　005

3 からだを捻る ………………………………………………… 062
　（29 ゴロゴロスティック／30 的当て）

4 前屈で床に手がつかない …………………………………… 064
　（31 つま先タッチ歩き／32 ボールエレベーター）

5 からだを反らして後ろを見ることができない ………… 066
　（33 ボールおんぶ運び／34 オットセイポーズ）

6 座りすぎて股関節が硬くなっている …………………… 068
　（35 ワニ歩き／36 川渡り）

4 筋力でからだを整える　　　カテゴリ：筋力　070

1 疲労と低緊張 ………………………………………………… 072
　（37 鉄棒ぶら下がり／38 手押し車）

2 いつもソワソワして落ち着きがない …………………… 074
　（39 ダルマさんが転んだ／40 ラッコの貝がら運び）

3 からだの土台である「体幹」とは ……………………… 076
　（41 ジャンプしてピタ！／42 でこぼこ山のぼり）

4 握力が弱い…… ……………………………………………… 078
　（43 タオル綱引き／44 新聞だんご）

5 肩甲骨を動かして肩こり予防 …………………………… 080
　（45 カウボーイロープ／46 タオルでカラダ一周）

6 力加減が難しい ……………………………………………… 082
　（47 丸太ころがし／48 うちわで運ぼう）

5 ボディイメージで自分を知る　　カテゴリ：感覚　084

1 触覚を調整する ……………………………………………… 086
　（49 ふみふみ歩き／50 新聞紙ビリビリ祭り）

2 自分のからだを知る ………………………………………… 088
　　（51 トランポリンでタッチ！／52 シーツゆらゆら）

3 空間認知で危機管理能力を高める ……………………… 090
　　（53 お手玉ピタ！／54 フラフープくぐり）

4 視覚優位と聴覚優位とは ………………………………… 092
　　（55 ナンバータッチゲーム／56 何回？ジャンプ）

6 「静と動」の２つのバランス　　カテゴリ：バランス　094

1 安定した立位姿勢の獲得 ………………………………… 096
　　（57 線上歩き／58 手押し相撲）

2 片足立ちが苦手 …………………………………………… 098
　　（59 コロコロゴールキック／60 爆弾を踏まないように！）

3 足関節戦略で転倒予防 …………………………………… 100
　　（61 踵歩き／62 足裏ドリブル）

4 ステッピング反応で身を守る …………………………… 102
　　（63 足ジャンケン／64 回転ジャンプ）

5 視覚とバランスの関係性 ………………………………… 104
　　（65 ヒラヒラキャッチ／66 カラーコーン集め）

7 スムーズにからだを動かすための協調運動　カテゴリ：協調運動　106

1 自転車に乗ることができない …………………………… 108
　　（67 お空にキック／68 ゆらゆらだるま）

2 縄跳びがうまく跳べない ………………………………… 110
　　（69 へびジャンプ／70 プロペラタオル）

3 自分で着替えられない …………………………………… 112
　　（71 からだタッチゲーム／72 色上げ下げゲーム）

CONTENTS 007

4 書字における目と手の協応運動 ……………………………………… 114

（73 お手玉キャッチ／74 ハイハイレース）

8 視る力を鍛えて運動能力アップ　　　カテゴリ：視る力　116

1 眼球運動で追う力を養う …………………………………………… 118

（75 動く風船にボール投げ／76 コロコロキャッチ）

2 環境を把握する力（視空間認知）………………………………… 120

（77 棒避けゲーム／78 テープ迷路）

3 目とからだのチームワーク ………………………………………… 122

（79 矢印ゲーム／80 ラダー運動）

9 「脳と運動」は密に繋がっている　　　カテゴリ：脳と運動　124

1 見てまねる …………………………………………………………… 126

（81 マネマネゲーム／82 動物へんしん）

2 からだの真ん中を知る ……………………………………………… 128

（83 足裏ボールキャッチ／84 ロケットタッチ）

3 正中線を越える ……………………………………………………… 130

（85 ボールまわし／86 くねくね歩き）

10 運動の基礎は粗大運動　　　カテゴリ：粗大運動　132

1 よく転ぶ ……………………………………………………………… 134

（87 壁押し／88 マット運動）

2 歩き方，走り方がぎこちない ……………………………………… 136

（89 目隠しタッチゲーム／90 ハンカチ乗せゲーム）

3 ジャンプが苦手 ……………………………………………………………… 138
  （91 アヒル歩き／92 手繋ぎジャンプ）

4 ボールがうまく投げられない ……………………………………………… 140
  （93 紙鉄砲／94 手裏剣投げ）

11 微細運動で日常生活を快適に過ごす   カテゴリ：微細運動 142

1 鉛筆で文字を書くのが苦手 ………………………………………………… 144
  （95 風船バレーボール／96 ロープで運ぼう）

2 箸がうまく使えない ………………………………………………………… 146
  （97 洗濯バサミパチパチ／98 くりひろい）

3 ハサミが苦手 ………………………………………………………………… 148
  （99 うちわでゴール／100 コップのビー玉移し）

おわりに　150

CONTENTS　009

Chapter 1

やさしくわかる
はじめての運動療育

1 運動療育とは

 1　そもそも「運動」と「運動療育」の違いとは

　まず「運動」とは，からだを鍛え，健康を保つためにからだを動かすこと，ということになります。

　特に子どもの運動は，遊びやスポーツ，身体活動を通じて健康的な生活習慣を築くプロセスを広い視点から考えていかなければなりません。

　そして「療育」はと言いますと，障がいや発達に遅れのある子どもに対し，個々の発達や障がいの特性に応じた課題の解決や，生活の質の向上を目指した支援になります。

　では「運動療育」とは……。もちろん運動という言葉が入っているので，健康を保つためにからだを動かすことありきですが，そこに療育の考えである「個別化された支援」＝「カスタマイズされたプログラム」が必要になってきます。すなわち運動療育とは，健康的なからだづくりにプラスαで個々の課題や発達に基づいた「その子に合わせた支援」が必須になります。

　本書の目的は，個別化された身体面の課題の見つけ方とその課題に対する有効なプログラムを一冊にまとめることで，支援者や保護者に統一化された質の高い支援を提供するきっかけにしていただくことです。

2　運動療育の実施の流れ

「カスタマイズされた運動療育」を実施する流れとしては，対象の子どもの①「評価（状態の把握）」→②「プログラムの立案」→③「実施」を繰り返し，目標達成に向かうこととなります。

このサイクルを目標達成まで続け，場合によっては評価とプログラムの立案を何度も繰り返すことになります。全ての子どもが同じプログラムで結果が出るわけではないので，いかにその子どもの好き嫌いや特技，家庭での過ごし方を引き出し把握するのかも評価をする上で重要となります。

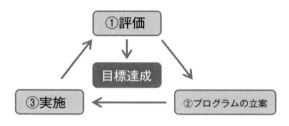

・「評価」
　まず運動療育を行う上で必須となってくる項目として「評価」があります。
　評価は子どもの特性，発達段階，課題，能力を確認し，プログラムを立てるための「材料」となります。

・「プログラムの立案」
　評価で集めた材料を基に次は，「プログラムの立案」に移っていきます。
　【多様性】ゲーム性などを取り入れて，興味を持てるような遊び心。
　【継続性】短期的なものではなく，継続して取り組めるような工夫。
　【個別性】趣味や好きを取り入れたオリジナル性。
　これらを意識して，子どもに合ったプログラムの立案を心がけていきましょう。

2 運動療育で何がどう変わるのか

「集団運動は周りに合わせなければならない，ついていけない……」と日々，多くの保護者が悩んでいるのを耳にします。

これらは，園・学校の運動会や体育で感じることが多いようです。

上記は集団活動であることから進行が統一化され，実施するプログラムも全体で決められているといったことがあります。

その点，運動療育は，対象の子どもの発達や能力に合わせた「カスタマイズプログラム」なので，自分のペースで無理なく継続しやすくなります。

では運動療育を継続するメリットとは……。

運動療育を続けることで得られるメリットを3つ解説します。

1 からだの基礎的な部分が養われる

「自分のからだをコントロールする」言葉では簡単なようで，実はなかなか難しいことなのです。そもそも歩く時に，「右足を前に出して，左腕は後ろに……」と考えながら歩きませんよね？　さらに応用である「ボールを投げる動作」は左足を前に出して，右肩を後ろに引いて，ボールを落とさないように，狙う場所を見る……と，より複雑になります。

仮に「うまくボールが投げられない」ことが課題だとすると，まず考えることは「細分化」です。

例えば「ボールを投げる動作」を細分化してみると，・安定した立位保持（体幹）・ボールを落とさない手の感覚（触覚）・体重移動・体幹の回旋（捻り動作）・肩甲帯の柔軟性・手首のスナップ・狙いまでの空間認知……など多くの要素が含まれています。

運動療育では，まず「ボール投げ」という動作を細分化して，からだの基礎的な部分に落とし込んでいきます。そしてその項目を一つずつ「評価」して，その子どものできる・できない項目を把握した上で，無理なくプログラムに「小さくした課題」を取り入れていきます。

2 自己肯定感が上がりやすい

いわゆる「運動が苦手」と言われている子どもは，からだのコントロールが難しくなります。複雑な動きを獲得しようと，「苦手な動き」を繰り返してもなかなか，からだと脳が繋がりません。この過程において避けるべきことは，「自分は何度やってもできないんだ……」と自己肯定感が下がってしまい，その子ども自身の可能性を失ってしまうことです。

運動療育の現場では，その子どもの課題を細分化して，スモールステップで小さい「できた」を積み重ねていくので，気がついたら課題を克服していた，というケースが多く見受けられます。はじめから複雑な動きを行うのではなく，スモールステップで土台を安定させつつ，多様な運動にチャレンジして自信がつくことで，自己肯定感を上げることができるのです。

3 脳も育てられる

運動は「脳の発達にも効果的」だと言われています。継続して運動を実施すると「脳由来神経栄養因子」（BDNF）という神経細胞の成長，発達に重要な役割を果たすタンパク質がつくられます。また運動によって脳内でつくられる物質として，「セロトニン」「ドーパミン」があります。「ドーパミン」は気持ちを前向きに，また楽しい気分にしてくれる役割があります。そして「セロトニン」は心地良い気分や幸福感を味わいやすい，いわゆる「幸せホルモン」とも言われています。運動によって分泌されるこれらの物質は，脳にとって最高の存在なのです。

Chapter 1　やさしくわかる　はじめての運動療育　015

3 運動が苦手な子の特徴とは

・何もないところで躓いたり転んだりしてしまう
・よく人や物にぶつかってしまう
・動きがぎこちなくてまっすぐに走れない
・ダンスを手本通りにまねるのが苦手
・鉛筆や箸をうまく使えない
・ボールを投げたりキャッチができない

　もしこれらの項目にほとんど当てはまるのであれば，「運動が不器用」かもしれません。

1 「運動が不器用」とは

　運動が不器用とは，自分のからだをうまくコントロールすることが難しい状態を指します。もう少し専門的な表現をすると，「協調運動の低下」とも言います。「協調運動」とは手と足，手と目など別々の機能をまとめて一つにして動かす運動のことを言います。

　例えば，縄跳びは両手で縄を回しながら膝を曲げてジャンプする。サッカーは，ボールを見ながらタイミングよく足を前に振り出す。など複数の身体部分を別々の動きとして働かせる必要があります。そしてこの一連の協調運動が苦手な状態を「運動の不器用さ」と表現するのです。

2 「運動の不器用さ」の原因とは

　運動の不器用さは運動不足や運動神経の影響によるものだと思われがちですが，運動は身体能力の他に「脳」とも深く関わり合っています。

　脳は運動コントロールの司令塔であり，状況や環境を把握した上で，「運動」を実行するために必要な情報を瞬時に処理します。そして目的を達成するために必要な筋肉を調整し，からだをコントロールさせるために脳から信号を送るようになっているのです。

　インプット（状況や環境を把握）からアウトプット（からだを動かす）の連携がうまくいかないことで，自分のからだをコントロールすることが難しくなり，動きとしてぎこちなくなってしまうのが「運動の不器用さ」です。

　近年，注目されている要因の一つに「発達性協調運動障がい（Developmental Coordination Disorder，DCD）」があります。

3 発達性協調運動障がい（DCD）とは

　DCD は，「からだのコントロール」や「新しい運動を習得する」（からだで覚える）ことが難しく，日常生活に支障が出る場合に診断されるケースがあります。例えば，

・着替えなどの身の回りのことに介助を要する

・動作に著明に時間がかかってしまう

・からだを動かすことに自信がなく，家に引きこもってしまう

などアメリカでは不器用さによって日常生活に支障をきたす場合に DCD と診断されることが多いのですが，現状の日本で DCD を診断できる施設は少ないとされています。

　DCD は1987年，アメリカの DSM-Ⅲ-R（精神障がいの診断と分類に関する国際的に認められた基準を提供する精神医学の診断マニュアル）から正式に発表されましたが，日本ではまだそこまで認知されていないのが現状です。

Chapter 1　やさしくわかる　はじめての運動療育　017

4　DCDの子どもはどのくらいいるのか

　DCDの有病率は約5％で，4：1で男児に多いとされています。また低出生体重児に頻度が高いとも言われており，DCDの症状は50〜70％の割合で成人になっても存続するとされています。DCDそのものの認知度は低いのですが，注意欠如・多動性障がい（AD/HD）の約5％，自閉スペクトラム症（ASD）の約1％の有病率とさほど変わらないのです。

 5　発達障がいとDCDの関係性

　DCDは単体の障がいと考えるのではなく，注意欠如・多動性障がい（AD/HD），自閉スペクトラム症（ASD），学習障がい（SLD）の存在を見ていかなければなりません。これら個々の障がいは完全に分離させて考えるのではなく，それぞれ重なる部分があるということです。AD/HDの約30〜50％，ASDでは約80％，SLDは約50％にDCDの症状が併存すると言われています。

 6　園や学校・家庭を快適に過ごすためのポイント

・**周りと比べないで「子どもの成長を認めて褒める」**
　運動に不器用さがある子どもや親は，特に運動会などで周りと比べてしまいがちになります。そのため，少しでも成長を感じられた部分や，うまくなっている部分をピックアップして直接本人に伝えてみましょう。

・**道具や環境を変えてみる**
　子どもにとって，言葉で聞いてからだの動かし方を変えるということはなかなか難しいことです。その場合はまずその子どもにとって使いやすい道具を使用したり環境を変えたりしてみましょう。

例）椅子に座るとお尻が前方にズレてしまう場合
対策）ズレ防止シートや側面に支えを設置して，環境設定にて座位姿勢の安定を図る。

姿勢保持チェア

・楽しく体を動かすこと
　その子にとって「楽しく継続できる運動プログラム」はなんなのかを考えることが重要です。
　全員が同じプログラムを行って同じ効果があるわけではないので，その子自身に合わせたプログラムや言葉かけなどの工夫が必要になってきます。すぐに効果を求めず，まずは楽しく継続できることを大切にしましょう。

4 子どもの「気になる」を どう見ればいいのか

 1　日常生活の「困り」に気づく

　なぜ「運動の不器用さ」がある子に対して支援が必要になってくるのでしょうか。運動が不器用・苦手によって
・日常生活に不便さがある
・人と比べてしまう
・体育や運動会が嫌だ……
などの悩みを抱えている子どもが,「運動療育」を通じて日常生活をより快適に過ごし,その結果として自信を持って日々を楽しく過ごしてもらうことが支援の目的だと私は考えています。

　支援を行う前に必要になってくるのが,子どもの「困りごと」を見逃さないことです。子どもの「気になるポイント」の多くは園や学校,自宅にあります。そのためにまずは子どもの日常を知ることが必要になってきます。
・うまくできなくて困っている,イライラしている
・そもそも,やろうとしない……
　まずはこのようなポイントに「気づく」ことが重要です。
　運動療育は「気づきのポイント」を評価(分析)し,細分化したものに対してプログラムを立てて,目標に向かって実施するという流れになります。

目標達成ロード

　そのため,「気づき」は子どもの困りごとをサポートする最初のきっかけとなるのです。

2 「気づき」ポイントにはどんなことがあるのか

　運動の気づきポイントを大きく分けると「粗大運動」と「微細運動」の2種類に分けられます。

> 粗大運動とは：主に大きな筋肉を使って行われる運動を指します。
> 　　　　　　　例えば，歩く，ジャンプなど大きな動作というイメージです。粗大運動は身体的な基本動作を支配し，運動能力の土台を形成します。
> 微細運動とは：主に細かい筋肉を使って行われる運動を指します。
> 　　　　　　　例えば，筆記，ボタン留めなどがあり，動きを円滑にするには手首，指先を使った細かな動きが必要になってきます。

【粗大運動の気づきチェックポイント】

・動きが不自然で，ぎこちない
・スキップやジャンプができない
・ダンスや体操など見本のまねをすることが苦手
・椅子に長時間，安定して座っていられない
・ボールをうまく投げたり，キャッチすることが苦手

【微細運動の気づきチェックポイント】

・うまく字が書けない，筆圧が薄い
・箸を握り持ちしてしまう
・ハサミを操作することが苦手

　支援者や保護者は日常生活から子どもの困りごとをチェックしてみましょう。

Chapter 1　やさしくわかる　はじめての運動療育　021

5 「運動療育」と心の問題

 ## 1 「運動」と「心」の関連性

　運動と聞くと「からだを鍛える」というイメージが思い浮かぶでしょうか。実は「運動」は「心」との関連性も非常に高いのです。

　近年，子どもの心のトラブルが多く，不安や孤立を抱えながら過ごしている子どもも少なくありません。そして，子どもたちが「心の問題」を少しでも予防・改善できる選択肢として「運動療育」が役に立つのです。

　では「運動が苦手・不器用な子」はどのような「心の問題」を抱えることがあるのでしょうか。

・運動が嫌いで自宅に引きこもるようになり，うつ傾向に
・体育や運動会の練習がある日は不安が強い
・人と比べられることを恐れ，友達と遊びたがらない
・できないことに目が向いてしまい，自己肯定感が低い

　これらは特に就園や就学での集団生活を経験するタイミングで，よく見受けられます。

　私は運動療育を通して，子どもたちがこの「心の負の問題」へと移行しないように，また少しでも自信を取り戻してもらえるように日々心がけております。ここでは運動療育を実施する上で「運動と心」の面からどのようなことを意識し，またはどのようなことを注意すべきかを解説します。

2 運動とストレス

運動を行うと，ストレスホルモンであるコルチゾールの分泌が抑制されます。これによりからだがストレス反応を緩和させ，リラックスした状態となります。

・負のループを断ち切る

集団遊びやスポーツにおいて，実施する前の「自分にはできない」という気持ちを断ち切ることが重要だと考えます。まずは「運動の楽しさ」を体験してもらうことで「負のループ」を断ち切るきっかけをつくりましょう。

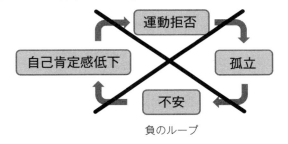

負のループ

・社交的な交流参加へ

次のステップとして，「社交的な交流の参加」を考えます。まずは大人との関わり→小集団→集団と少しずつ交流人数を増やしていきます。子どもに合わせて少しずつステップアップしていくことがポイントです。

・専門機関との連携

心の問題は繊細であり，より多くの目で支援する必要があります。運動療育は一つの手段であり，他職種との連携もサポートには必須となります。

6 正しく取り組むポイント

 1 ティーチングとコーチングのメリット・デメリット

　支援者に多くの知識と経験があったとしても,「子どもとの関わり方」は慎重に考えなければなりません。
　支援者が子どもをサポートするにあたって,「ティーチングとコーチング」という言葉を聞いたことがあるでしょうか？
　普段はよくビジネスの現場で使われるのですが,ここでは子どもを支援することを目的として,それぞれの意味や手法を解説します。
　子どもをサポートする支援者は,このティーチングとコーチングを使い分けることでより幅広い支援ができるものだと考えます。
　まず簡単に,ティーチングとは「指導者が知っている知識を相手に教える」,コーチングとは「相手の中から気づきや行動を引き出す」との解釈ができます。
　どちらが良い悪いではなく,それぞれにメリットがあり,子どもの特性や場面,タイミングなどによって使い分けることが重要です。

 2 「ティーチング」のメリット・デメリット

メリット：
・目標達成に必要な「答え」を知ることができる
・大人数に対してできるため,短時間で知識を広げられる
・子どもの知識やノウハウを統一できる

デメリット：
・答えを教えるため，主体性が低くなる可能性がある
・「支援者の答え」という知識やノウハウに制限がかかる

3 「コーチング」のメリット，デメリット

メリット：
・自分で思考するため，自主性が養われる
・モチベーションを高め，自己効力感を向上させられる

デメリット：
・知識や経験が少ないと指示やアドバイスを理解できない
・気づきやきっかけを待つため，目標達成まで時間がかかる

4 どちらを選択すべきか

　結論，「どちらも必要」です。

　運動療育を行う上で，基本的なからだの使い方や自分のからだを守る方法は，「ティーチング」を使います。からだをコントロールする方法をティーチングで実施することでからだの基礎的な部分を形成します。

　ティーチングでからだの基礎部分を整えたら，「コーチング」で遊びや運動を通して実践を経験させます。その遊びの中で「次はどうしたら速くできるかな」など主体性を持って遊びや運動に対して取り組むことができれば，子どもの成長にとって一番重要な「楽しい気持ち」で目標を達成できるものだと考えます。

Chapter 1　やさしくわかる　はじめての運動療育　025

Chapter 2

運動療育おすすめプログラム100

良い姿勢，悪い姿勢とは

 姿勢と背骨

　姿勢は「背骨」の曲線具合で変わってきます。
　背骨は，骨頭部からお尻の付け根に向かって，7個の頸椎（けいつい），12個の胸椎（きょうつい），5個の腰椎（ようつい）の合計24個が連結してできています。
　背骨は，後頭部からお尻の付け根にかけてまっすぐ伸びている骨で，人の背骨を横から見ると「S字カーブ」になっており，このS字カーブの形が背骨にかかる負担を分散して身体を安定させてくれています。
　背骨のS字にズレが生じていると，背骨に過剰な負担がかかり，疲れやすさ，腰痛や肩こり，集中力低下などの原因になる可能性があります。
　またS字カーブのズレの影響は，猫背，反り腰，ストレートネックなどの「姿勢」として表れるため，姿勢チェックが必要になります。

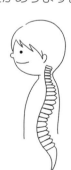

　良い姿勢を保つには「骨盤の傾き」も影響してきます。
　骨盤の傾きには，「前傾」と「後傾」の2種類があります。
　骨盤の前傾：骨盤が前方に傾いている状態のことで，骨盤前傾になると，背中が丸まり，腰が反る姿勢になります。
　骨盤の後傾：骨盤が後方に傾いている状態のことです。骨盤後傾になると，腰が丸まり，背中が反る姿勢になります。

前傾　　　　　　後傾

立位の姿勢チェックポイント

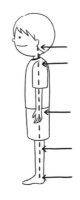

　立った状態を横から見た時,「耳の穴,肩の中心,股関節,膝,外くるぶしのやや前方」がまっすぐ一直線になっている状態が,正しい姿勢です。
　次に正面から見て,「両目,両肩,骨盤,両膝」が一直線で,床に対して水平になっているのかをチェックしてみましょう。

座位の姿勢チェックポイント

　椅子に座った状態で横から見て,「耳の穴,肩の中心,股関節」が一直線になっているか,そして股関節,膝,足首のそれぞれ90度になっているかをチェックしましょう。
　足裏全体が床に接しているかもチェックポイントです。

Chapter 2　運動療育おすすめプログラム100　029

カテゴリ：姿勢（立位）

猫背が増加している

　「ゲームやスマホで前かがみ姿勢の時間が長い」「運動不足で背骨をあまり動かしていない」などが背骨の柔軟性を低下させ，肩周りや背中の筋肉が硬くなることで「猫背」になりやすくなってしまいます。
　猫背は偏った筋肉に負荷を与えるだけではなく，脳にも影響を与えます。背中を丸めることで，お腹や胸の動きが低下し呼吸が浅くなってしまいます。呼吸が浅くなると脳まで十分な酸素が行き届かず，集中力や判断力などが低下します。
　「子どものからだと心・連絡会議」という団体が実施している「子どものからだの調査」では，全国の保育所・幼稚園・小学校の約6割の先生が「背中が曲がっている子どもが増えている」と感じているそうです。

 猫背のチェックポイント

　まずは先ほどの良い姿勢を思い出して下さい。猫背の子どもは耳の穴と肩の中心が他のポイントより前に出てしまいます。
　猫背の子どもは重心が後ろに傾いているため，立った時に足の指先が床より少し浮いているケースがよく見受けられます。
　またよく見られるケースとして，「からだを反る動作が苦手」「肩周りが凝りやすい」こともあります。

1 肩甲骨のストレッチ

❶ 両手を背中側で組んで手のひらを上に向けます。
　肘を伸ばして，両手を背中から遠くに離していきます。
❷ 肩甲骨を中心に寄せながらゆっくり息を吐きます。

姿勢（立位）

POINT
・両手を背中まで戻す時はゆっくり息を吸います。
・体が前屈みにならないように真っ直ぐ立つようにしましょう。

2 飛行機

❶ うつ伏せになって両手を横に伸ばして広げます。
❷ 体をまっすぐにさせ，両手，両足，顔を上げたままキープさせます。

POINT
・顔，両手，両足を同時に上げるのが難しい場合はまず両手を上げてみましょう。

カテゴリ：姿勢（立位）

反り腰は「腰痛」に注意

　反り腰は，背骨の腰椎の前弯（腰の反り）が強くなる状態を言います。
　反り腰の主な原因は，体幹の筋力低下や，股関節の可動域制限から脊柱を支える力が弱くなり，あまり筋力を使わずに立つことができる「お腹を突き出す」姿勢になることです。

 反り腰のチェックポイント

　反り腰の場合，横から見たアライメントで股関節の部分が他のポイントより前に出ていることがあります。
　壁に後頭部と踵を合わせた状態で立ち，壁と背中に拳1個が入るくらいのスペースがあれば「反り腰傾向」の可能性があります。
　反り腰の場合，重心が「前方傾向」になるケースが多いため，前方への転倒に気をつけるようにしましょう。

3　反り腰改善ストレッチ

❶　仰向けに寝ころんで，両膝を軽く立てて，手を体の横に置きます。
❷　背中を床から浮かして，息を吐きながら10秒間キープし，息を吸いながら背中を床に戻します。

POINT
・からだが持ち上がらない場合は，支援者が背中を軽く支持します。

4　お尻歩き

❶　床に両足を伸ばして座ります。
❷　手を振りながら左右のお尻を持ち上げて移動します。

POINT
・難しい場合は手を床につけながら進みます。
・慣れてきたら両足を少し浮かしながら進んでみましょう。

カテゴリ：姿勢（立位）

左右のアンバランス

　左右のアンバランスには，正面から体を見た時に片側の肩や腰が下がっている，捻れている，または足を極端に外側に出している，などがあります。

　原因として，食事の際にからだを横に向けてテレビを見ている，ショルダーバッグをいつも同じ肩にかけているなどがあります。

　体の歪みにより，真っ直ぐに走っているつもりが曲がっている，いつも体の同じ部位が痛くなる，片足立ちの左右差が大きいといったケースも出てきます。

 チェックポイント！

　左右アンバランスタイプは，正面から見たアライメントでチェックする必要があります。肩や腰の位置や足先の向きなどを鏡で子どもと一緒に確認するのも良い方法です。

　運動を行う時は，利き手，利き足に囚われずゲーム感覚でなるべく左右均等に使うなどを意識してみてください。

5　雑巾がけレース

❶　四つ這いになって，床の雑巾やタオルの上に両手を置きます。
❷　床に力を押し付けながら，前に進んでいきます。

POINT
・手だけが前に進んでしまわないように，両足をしっかり踏み込んでいきましょう。

6　逃げる輪につかまれ！

❶　うつ伏せになってフラフープなどの輪を両手で持ちます。
❷　支援者が輪を引っ張るので，顔を上げて両手を離さないようにしましょう。

POINT
・手が離れてしまう場合は，その場で輪を左右に振るなど子どもに合わせて動きを調整しましょう。

カテゴリ：姿勢（座位）

椅子に座るとお尻が前にズレてしまう

　崩れた座位姿勢で一番多いのが，お尻が椅子の前方にズレてしまい上半身が背もたれに寄りかかってしまう座り方です。いわゆる「仙骨座り」または「ずっこけ座り」とも呼びます。

 仙骨座りの原因とデメリット

　仙骨座りは，お尻が椅子の前方にズレてしまい，仙骨（お尻の割れ目の上部にある骨）で座面を支持して座っているという状態を指します。

　仙骨座りの原因の一つとして，「ハムストリングスの硬さ」があります。太ももの裏側にある筋肉で，この筋肉が固いと，骨盤が後傾しやすく，仙骨座りになりやすくなります。

　仙骨座りのデメリットとして，「腰痛」に繋がる可能性があります。

　仙骨座りは骨盤が後傾し，腰が反った状態になります。腰が反った状態になると，腰椎のＳ字カーブが崩れ，腰に過度な負担がかかってしまい，場合によっては子どもの時から腰痛を引き起こすことがあります。

仙骨座り

7　ハムストリングスのストレッチ

❶　椅子に浅く座って，片足を前に出します。
❷　前方に出した足の膝を伸ばし踵を床につけて，反対の膝は曲げて足裏を床につけます。

POINT
・ストレッチ中は，息を止めずに15〜30秒程キープしましょう。
・椅子に座ることが難しい場合は，仰向けになって壁に踵をつけましょう。

8　正座手押し相撲

❶　正座で対面になります。
❷　お互いが手のひらで押し合い，バランスを崩して手のひらが床についたら負けになります。

POINT
・上体をまっすぐにして，骨盤が立つような姿勢で行いましょう。

カテゴリ：姿勢（座位）

椅子に座らず「立ち歩き」をしてしまう

食事中や学習中に立ったり歩いたりしてしまう

　もしかしたら視覚系の働きが過剰に働いているのかもしれません。

　視覚系の働きが過剰に強い子どもは，目の前のことよりも，周りの刺激が気になってしまうケースがあります。

　また，視覚が過剰に優位な子どもは，人の話を聞いて理解することが難しいケースがあり，授業や面談中に退屈になることから立ち歩くことがあります。

立ち歩きが多い子どもは，先に体を動かす

「椅子に座る前に体を動かす」

　運動をすると，ドーパミンやノルアドレナリンの分泌量が増加します。これらの物質は集中力や注意力を高めるとされています。特に運動後30分〜3時間程度は集中状態に入りやすいため，食事や勉強の前に軽い運動を行うことがおすすめです。

「視覚刺激を調整する」

　食事中や学習中は，テレビを消す，おもちゃなどを見えない場所へ事前に隠しておく。または，目線を壁側に向けるように椅子や机を設置するなどの工夫で視覚から入る刺激をなるべく少なくしてみましょう。

9 サークル鬼ごっこ

❶ 床にテープなどで円状の枠をつくります。
❷ 円の線上のみを移動範囲とした,追いかけっこをします。

POINT
・あらかじめ短時間で終われるような時間設定にしましょう。
・なるべく周りに視覚的な刺激が少ない場所を選びましょう。

10 しっぽとり

❶ ズボンの腰部に,しっぽ(ハンカチやひもなど)をつけます。
❷ 鬼はしっぽを取りにいき,逃げる人はしっぽを取られないように逃げます。

POINT
・子どもの体力に応じて逃げ切る時間を設定しましょう。

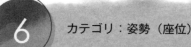

カテゴリ：姿勢（座位）

椅子に座ると足をバタバタさせる

　椅子に座ると「足をバタバタさせる」「体をクネクネさせる」という行動は，「平衡感覚や固有感覚の鈍麻」から起こっているのかもしれません。

　「平衡感覚」とは，頭や全身の位置，直進や回転運動などを感知する感覚です。平衡感覚の鈍さ（鈍麻）とは，自分の体の揺れや傾きを自分で調整することが難しくなると「より強い刺激」でバランスを取ろうとする傾向のことです。そのため，椅子に座ると足をバタバタさせたり，椅子を前後左右に揺らしたりする行動が見受けられることがあります。

　「固有感覚」とは，筋肉や関節の位置や動きを感知する感覚です。固有感覚の役割として，「姿勢保持」「動きの調整」「ボディイメージの形成」などがあります。固有感覚の鈍さ（鈍麻）とは固有感覚の鈍麻によって筋肉や関節の位置が感じにくいことで，子どもは自分の体の位置が定まらず，体をクネクネ，フラフラさせてしまうことがあります。

 平衡感覚・固有感覚が鈍麻な子に対する環境設定

椅子の下に「足置き」をつくる

　足置きの上に足裏を乗せることで，足の位置が定まり，足裏に適度な刺激も入るため落ち着いた姿勢を保持してくれます。また足裏が床についていることで体の位置を認知しやすくなります。

11 坂道平均台

❶ 傾斜をつけた平均台を設置します。
❷ 平均台から落ちないように「登り，降り」を行います。

POINT
・怖がる子どもには，手を繋ぐなど補助をして挑戦してみましょう。
・慣れてきたら，横向きにしたり障害物を置いてみたりしましょう。

12 おしくらまんじゅう

❶ 参加者全員が入る程の円の中で，お互いが背中合わせになります。
❷ 始めの合図で，円から出ないように背中やお尻で押し合います。

POINT
・強く押しすぎないように注意しましょう。
・慣れてきたら円を小さくしていきましょう。

最近の子どもの足事情

　昔に比べて外遊びの時間や1日の歩数が減った今の子どもたちは，足の発達が不十分なケースが多くなっています。
　「足の未発達さ」が疲れやすさ，まっすぐ立っていられない，扁平足，浮き指などの原因になっている可能性があります。
　子どもの足の成長を守るために大きく2つのポイントがあります。

 体を動かす時間を増やす

　文部科学省の『幼児期運動指針ガイドブック』(2012)において様々な遊び・運動を中心とした「毎日60分以上体を動かすこと」が推奨されています。
　外遊びの時間が多い幼児ほど体力が高い傾向にあること，運動時間が1日1時間（60分）未満である幼児が4割を超えていることから，多くの幼児がからだを動かす実現可能な時間として「毎日，合計60分以上」を目安として設定されました。
　60分の中には園や学校の身体活動や体育も含まれており，園や学校とは別に1日30分程度の遊びや運動が必要だと考えています。理想は保護者が子どもと一緒に運動や遊びをすることですが，習い事や共働きなど忙しい日々の中で子どもと一緒に運動する時間を取れない場合もあるかと思います。
　もし一緒に運動をする時間が取れない場合は，なるべく階段を使う，一緒に買い物へ行って歩くなど，日常生活で一緒にからだを動かすことを意識して過ごしてみましょう。

正しい靴選び

　子どもの足を守るために必要な2つ目のポイントは「靴選び」です。足に合った靴を履くことは「足の健康」にとって重要なことです。

　まずはサイズ，幅，甲の高さを知ることから始まります。そのためには一度，靴屋さんのシューフィッターに確認してもらうことをおすすめします。

　個人差はありますが，3歳ぐらいまでは半年で約1cm，そしてそれ以降は半年で約5mm足のサイズが大きくなります。そのため「靴が小さくて痛い」と子どもから言われる前に，最低3ヶ月に一回は保護者が子どもの靴と足をチェックしてみてください。

 ## 靴選び3つのポイント

「サイズは＋0.5mm大きいもの」

　シューズのつま先に少しの空間があることで，足指を動かしやすくさせ，歩行をスムーズにしてくれます。

「踵部分がしっかりしたもの」

　子どもの踵の骨は成長段階で柔らかく，踵への負担が大きくなります。そのため踵部分がしっかりとしたシューズを選びましょう。

「靴底の親指付け根部分が曲がるもの」

　地面を蹴り出すのに丁度いい硬さの靴底を選びましょう。

カテゴリ：足

「土踏まず」から土台をつくる

　人の足裏を横から見ると，反った橋のように中央が上がっている構造になっています。これをアーチと呼び「土踏まず」を形成しています。

　近年，この「土踏まず」が形成されていない子どもが増えていると言われています。この土踏まずが形成されていない状態を「扁平足」と呼びます。「土踏まず」は，9歳頃には形成されていきますので，焦らずに足の運動に取り組んでいきましょう。

 ## 土踏まずの3つの役割

1　立ち姿勢のバランスを取る
2　歩行や運動時の衝撃をクッションとして和らげる
3　体重を支える

　土踏まずの役割として上記が挙げられ，土踏まずが未形成の場合は歩行が不安定，足が疲れやすい，運動能力の低下などの症状へ繋がることもあります。特に，土踏まずの形成は3歳ごろから徐々に行われていくため，なるべく早い段階で「土踏まず」を意識して育てていくことが重要です。

 ## 土踏まずのチェック方法

・床に座ってあぐらの姿勢を取る
・両足の裏同士ピッタリとくっつけて，足裏の内側の隙間を確認する

　足裏に隙間がなく，足裏同士が全体的にベタッとくっついてしまう場合は「扁平足」の可能性があります。

13 つま先歩き

❶ 両足の踵を床から少し浮かします。
❷ 踵を浮かしたまま，つま先のみで進んでいきます。

POINT
・指先を感じやすいように「裸足」で実施するのがおすすめです。

14 玉入れ（足バージョン）

❶ 新聞紙を丸めた複数の玉とカゴを準備します。
❷ 玉を足裏のみで掴んで箱に入れていきます。

POINT
・慣れてきたら，利き足の逆足にも挑戦してみましょう。
・片足で難しい場合は，両足で掴んでみましょう。

カテゴリ：足

「浮き指」とは

　浮き指とは要は足指の先が床から浮いた状態を言います。平らな床の上で真っ直ぐに立ち，足指側から紙を差し込んだ際に，紙が指に触れずに差し込むことができれば「浮き指」の可能性があります。

 浮き指の2つの主な原因

「歩く頻度が少ない」
　運動不足や歩く頻度が少ないと足指の筋力が低下します。足指の筋力が低下すると，足の指先が地面につきにくくなり，浮き指になる可能性があります。

「靴が合っていない」
　小さい靴を履くことで足指が窮屈になるために，また，靴が大きすぎても，指を十分に使えないために浮き指になる可能性があります。

 浮き指のデメリット

「猫背」
　足の指先が浮いていれば，重心は後方に傾いていることになります。踵に重心が移ることで，腰が反った姿勢になりやすくなります。この状態を補おうと上半身が前屈みになる結果，猫背になる可能性があるのです。

15 タオル引き寄せ

❶ 椅子に座り,タオルを床に敷いてセットします。
❷ 足指の力でタオルを引き寄せていきます。

POINT
・まずは薄手のタオルやハンカチなどから始めてみましょう。
・椅子以外にも床に座ったり,立ったり姿勢を変えて挑戦しましょう。

16 足指ストレッチ

❶ 床にあぐらで座ります。
❷ 右手と左足など,反対の足指の間に手の指を1本ずつ入れます。
　足指の間に指が入ったら回したり,反ったり,曲げたりしてみます。

POINT
・足指をしっかり広げてさまざまな方向に動かすことを意識しましょう。

カテゴリ：足

踵が内側に向いてしまう外反足

　外反足（がいはんそく）とは，立位で踵の骨が内側に倒れ込む状態を言います。「外反足」が続いてしまうと，「扁平足」や「外反母趾」などの症状に繋がることがあるため，外反足を早い段階から予防して，足のトラブルを防いでいきましょう。

 外反足の２つの原因

「硬い床を歩くことが多い」
　フローリングやコンクリートなどの硬い床を歩く機会が多くなると，踵骨と舟状骨（踵と隣接する骨）の靱帯が伸びてしまい，踵が内側に倒れ込んでしまいやすくなります。

「土踏まずが未形成」
　外反足と土踏まずは相互に関係し合っており，土踏まずの形成が低下していると，「外反足」になる可能性があります。
　土踏まずはすねや足裏の筋肉によって支えられており，歩行時や運動時にバネやクッションにもなる重要な部位です。

 外反足のチェック方法

　「外反足」は踵骨の外側が床から上がった状態となるので，確認方法として後方から「踵」の傾きを確認するとわかりやすいです。

17　二本ロープ渡り

❶　二本のロープを肩幅ぐらいに広げて平行に設置します。
❷　両足を広げながらロープの上を歩いていきます。

POINT
・なるべく「足のつま先」を外に向けて歩きましょう。
・一歩ごとに踏み込んだ側に体重をかけていきましょう。

18　どっちにいくかな？

❶　一本の線をまたいで対面になります。
❷　「せーの」で支援者が左右どちらかに大股でサイドステップをするので、子どもはそれに反応して同じ方向にサイドステップします。

POINT
・最初は跳ぶ方に手を出して、タイミングを合わせます。慣れてきたらフェイントなどを加えてみましょう。

カテゴリ：足

子どものX脚とは

　X脚とは，両足の膝をつけて立った時に，両足のくるぶしが離れている状態のことです。子どものX脚は，2〜6歳頃によく見られ，遅くても7，8歳頃には自然矯正されるケースが多いと言われています。

 X脚の原因

「骨の発育過程」
　特に骨の発育過程において，太ももの骨（大腿骨）とすねの骨（脛骨）の発育が異なる関係で子どもは一時的にX脚になりやすくなると言われています。

「筋力のアンバランスさ」
　太ももの内側の筋肉（内転筋）の低下がX脚を引き起こすこともあります。

 X脚によるデメリット

「不安定な姿勢」
　姿勢の土台である足元に不安定性が出てしまうため，からだ全体も不安定となり，「歩きにくさ」や「よく転ぶ」といった状況を引き起こす場合があります。

19　二人で引っ張り合い

❶　対面で床に座り，両足を開いてお互いの足裏をくっつけます。
❷　手を繋ぎながら，交互に引っ張り合います。

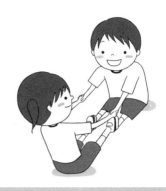

POINT
・子どもは両足が開いた状態を意識しましょう。
・力を入れすぎないようリズミカルに繰り返しましょう。

20　ボールトンネル

❶　子どもと2，3mの距離で向かい合います。
❷　支援者がボールを子どもに向かって転がすので，子どもは両足を開いて間にボールを通過させます。

POINT
・ボールを転がす速さを変えてみたり，左右にずらしたりしましょう。

カテゴリ：足

子どものО脚とは

　子どものО脚とは，両足を揃えて立った時に，膝の内側に隙間ができる状態のことです。

　О脚は，主に１歳半前後によく見られる症状です。この時期のО脚のほとんどが生理的なものが多いとされ，成長とともに２〜４歳程で改善していくケースがほとんどです。ただ過度なО脚はバランス低下などに繋がることがあります。

 О脚の原因

「骨の発育過程」

　乳児期や幼児期において，足の骨や関節が発育している過程で，О脚は一時的に現れることがあります。

「栄養不良」

　まれですが，ビタミンＤの欠乏で骨や筋肉の栄養不足から，骨の強度が低下する「くる病」によってО脚になるケースもあります。

 О脚によるデメリット

「関節痛」

　О脚が進んでしまうと，足首や膝，股関節などに負担がかかり，痛みや関節症のリスクが高まる可能性があります。

21 ボール挟み

❶ 仰向けに寝て,両膝を立てます。
❷ 両膝の間にサッカーボール程の大きさの柔らかいボールを挟み,ボールを10秒間落とさないように太ももの内側に力を入れます。

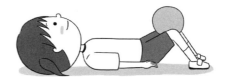

POINT
・ボールを挟んだまま足を左右に振ったり浮かしたりしてみましょう。
・慣れてきたら,ボールのサイズを小さくしてみましょう。

22 ぴょんぴょんボール運び

❶ 立って両太ももの内側にボールを挟みます。
❷ ボールを落とさないように,ピョンピョンと前に進んでいきます。

POINT
・ボールをリレーのように渡しながらの競走や,自分たちでコースをつくるなど楽しみながらやってみましょう。

Chapter 2 運動療育おすすめプログラム100 053

カテゴリ：足

反張膝とは

　反張膝（はんちょうしつ）とは，立って両足を揃えた時に膝が後方に突き出ている状態です。膝が過伸展（伸びきった状態）し，横から見た時に「逆くの字」となるイメージです。

 反張膝の原因

「低緊張」
　特に大腿四頭筋（太ももの前の筋肉）の緊張が低い場合，自分の体重を支えることが難しくなります。そのため，からだは楽にからだを支えようと膝を伸ばしきって「骨」を一直線にして杖のような状態をつくります。

 反張膝のデメリット

「痛みの出現」
　反張膝が継続してしまうと，膝関節や周辺組織に過度の負担がかかり，痛みを発症させてしまうことがあります。

「猫背」
　膝が過度に伸展しているため，重心が後方に位置しやすい傾向があります。重心を前方に戻そうと，上体を前のめりにすることで猫背になります。

23 動くボールに座ろう

❶ 支援者と子どもが対面になり,子どもに向けてボールを転がします。
❷ 動くボールにタイミングを合わせて,ボールの上に座ります。

足

POINT
・はじめはゆっくり転がして,徐々にスピードアップや左右にずらしてみましょう。

24 ボール集め

❶ 床に小さいカラーボールやお手玉を無造作に置きます。
❷ 置いてあるボールなどをしゃがんで取ってカゴに集めていきます。

POINT
・時間を設定して,時間内に何個集められるかチャレンジしてみましょう。
・ボールを取る時は体を前屈みにするのではなく,しっかり「しゃがんで」ボールを集めましょう。

Chapter 2 運動療育おすすめプログラム100 055

3 柔軟性を高めて怪我予防

　からだの柔軟性とは，いわゆるからだの硬さ柔らかさをいい，からだが硬い場合は「筋肉，関節，腱，靭帯の柔軟性が低い状態」となります。

　柔軟性が低いと関節可動域が制限され，動きの中で骨や靭帯にかかる負担が大きくなり，骨折や怪我のリスクが高くなってしまいます。また柔軟性は運動パフォーマンスにも影響してきます。

 からだが硬い原因

「運動不足」

　からだの硬さは生まれつきや遺伝だけで決まるものではありません。赤ちゃんの頃は基本的にからだが柔らかく，年齢を重ねる毎に徐々に硬くなってくるケースが多いです。からだが硬くなる原因は「普段どれほどからだを動かしているか」が大きく関わってきます。幼児期は常に動き回り，関節可動を最大限に使っているのでからだが柔らかいことがほとんどです。

　全身には筋肉が約640個あり，それぞれに「目的」があります。ある筋肉の使う頻度が少ないと筋力が落ちていき，硬くなってしまいます。「苦手な動きだからやらない……」という動作があれば，よりからだの柔軟性が低くなり，他の連携している筋肉にも悪影響が出て負のループに陥ってしまいます。

　そのため，幼児期からさまざまな遊具や遊び，運動に挑戦して，全身の筋肉と関節可動を最大限まで使ってあげましょう。

ストレッチについて

　柔軟性と聞くとまず「ストレッチ」を思い浮かべる人が多いかと思います。実際にストレッチは柔軟性を効果的に高めるための手段の一つとなります。

そもそもストレッチとは……
　「筋肉を伸ばして柔軟性を高める目的とした運動」になります。
　ストレッチは疲労回復，運動能力の向上，怪我の予防，姿勢改善に効果があると言われています。

 ## ストレッチのポイント

「ゆっくりと伸ばす」
　反動をつけて強く伸ばしてしまうと筋肉を痛めるリスクがあります。

「気持ち良い程度で行う」
　痛いとからだに余計な力が入ってしまいます。

「深呼吸をしながら行う」
　息を止めてしまうと，筋肉が緊張してしまいます。

「継続して行う」
　からだの柔軟性向上は，日々コツコツ行うのが効果的です。

　幼児期から柔軟性を意識して取り組み，怪我や疲労に強いからだを育てていきましょう。

カテゴリ：柔軟性

両手を真上まで上げられない

　両腕を耳の横まで上げられない子どもの割合は10％前後と言われています。解剖学的に肩関節の屈曲角度（下から真上に上げる）は180°になっていますが現在，肩関節が硬く180度上げられない子どもが多くなっています。

 肩関節を180度上げられない原因

「肩関節の関節可動域制限」
　スマートフォン，タブレットを見る時間が多くなることは姿勢を悪化させ，猫背を招きます。猫背は肩を内側に巻いてしまい（巻き肩）肩関節挙上を制限する原因となります。
　猫背や巻き肩の状態が続くと，肩周りの筋肉が短くなることで，血流不足から筋肉が弱く，硬くなってしまいます。

 肩を最大限まで上げられないデメリット

　肩関節の可動域制限は日常生活でどのような影響が出るのでしょうか。
　肩関節の可動域が制限されると，着替えや高い場所のものを取る，など身の回りの動作に制約を受ける可能性があります。
　また普段から関節を最大限まで使っていないと，そもそもの運動時の動きが小さくなり，ぎこちない動作の原因にもなってしまいます。

25　ボール送り

❶　2人1組になり背中合わせで足を肩幅に広げます。
❷　ボールを落とさないように頭の上から渡して，次は股の間から渡します。

POINT
・タイミングを合わせるために「せーの」など声かけを行いましょう。

26　イラストはずしゲーム

❶　目の前の壁に子どもの手が届く範囲に，イラストを貼り付けます。
❷　子どもは腕を最大限伸ばして，イラストをはずしていきます。

POINT
・ギリギリ手が届きそうな場所でしゃがみ動作が経験できるように，高さを不均等にして貼り付けましょう。

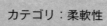

カテゴリ：柔軟性

しゃがむ姿勢が
できなくなっている子どもたち

　「しゃがむ姿勢」とは，足裏を床につけて膝を曲げた姿勢を言います。
　このしゃがみ込む際に，お尻が下まで降りずに止まったり，途中で後方に尻もちをついてしまう子どもが多くなってきています。6歳から12歳の子どもの2人に1人は「踵をつけてしゃがむ」ができないとの研究結果もあります。

 しゃがむ姿勢ができない原因

生活様式と遊びの変化による「筋力と柔軟性の低下」
　主に畳からベッド，和式トイレから洋式トイレやソファーなどの生活環境の変化から，「しゃがむ姿勢」が以前に比べて極端に減りました。
　また子どもの「遊びの変化」により，運動量そのものが減ったことで，足腰の筋力や足首の柔軟性が低下してしまったことが考えられます。

 しゃがむ動作ができないデメリット

　「しゃがむ」ができないと，日常生活でさまざまな支障をきたす可能性があります。例えば，靴を履く時，靴紐を結ぶ時，床に物を置く拾う時に床に座りこんでしまう，前屈みで行おうとする，などが見受けられます。
　また，上記の日常生活動作を「しゃがむ」ではなく「前屈み」で繰り返してしまうことは，「腰痛」に繋がることもあります。

27　カエルジャンプ

❶　膝を曲げて床に両手をつきます（カエルの格好）。
❷　両手に体重をかけながら、両足をピョンと前に進めていきます。

柔軟性

POINT
・肘が曲がりすぎないように手で床をしっかり押さえましょう。
・慣れてきたら、両足を高く上げていきましょう。

28　ロープ避けゲーム

❶　部屋に張り巡らせたロープを避けながらゴールを目指します。
❷　跨ぎ、しゃがみが経験できる高さのロープを設置しましょう。

POINT
・特にしゃがむ際は、手が床につかないようなルールを設けましょう。

カテゴリ：柔軟性

からだを捻る

　からだを捻る動作を「体幹の回旋」といいます。足裏を床につけたまま後ろを振り向く動作ですが，子どもたちとラジオ体操をする中で，「からだを捻る動作」ができない子が多く見られます。

　体幹の回旋は脊柱（背骨）の回旋によって起こります。脊柱には頭側から頚椎，胸椎，腰椎があり，それぞれの回旋可動域は，頚椎：45〜50°，胸椎：30〜35°，腰椎：5〜12°となっていることから，体幹の回旋は特に「胸椎」の動きが重要になります。

 体幹の回旋が苦手な原因

「胸椎の可動域制限」
　胸椎は，背骨の胸の辺りに位置する12個の骨をいいます。この胸椎の可動域が狭いと体幹をうまく回旋することが難しくなる場合があり，実際に胸椎の可動域が狭い子どもは多い印象です。

 体幹の回旋が苦手

　体幹の回旋がうまくできない代償として，頭の向きを動かさないと周囲を見渡すことができず，「視野が狭くなる」傾向が考えられます。

　例えば視野が狭くなることで，道を歩いている際に，周囲の状況への「注意力」が行き届きにくくなります。

　また体幹の回旋は「ボールを投げる動作」にも必要な要素です。

29　ゴロゴロスティック

❶　仰向けになり，両腕を耳の横につけて，頭の上でスティック（棒）を持ちます。
❷　スティックを持ったまま，スティック→胴→下半身の順でゴロゴロ回りながら進んでいきます。

POINT
・からだが平行にまっすぐ回転していくように意識しましょう。

30　的当て

❶　壁に的となるイラスト紙を貼り付けます。
❷　目標を目がけてボールを投げます。

POINT
・片足をしっかり前に出してからだを捻って目標物にボールを投げましょう。

カテゴリ：柔軟性

前屈で床に手がつかない

　膝を伸ばした状態で立ち，指先が床につくかどうかを「前屈」といい，これができない子どもは全体の約30%とも言われています。

 床に手がつかない原因

「大臀筋とハムストリングスの硬さ」
　大臀筋とはお尻の筋肉をいい，股関節の伸展（後ろに反る）や内外旋（回す）の役割があります。
　ハムストリングスとは太ももの裏にある筋肉（大腿二頭筋，半膜様筋，半腱様筋）の総称で，膝関節屈曲（曲げる）や股関節の伸展（後ろに反る）機能があります。
　特にこれらの筋肉が硬くなってしまうと，前屈で手が床につきにくくなってしまうのです。

 大臀筋とハムストリングスが硬いと何に影響するのか

　大臀筋とハムストリングが硬くなると，骨盤が後ろに傾き，腰が丸まることで猫背姿勢になります。猫背だとお尻の筋肉が十分に働かないため，歩行や走行時の「歩幅」が狭くなるなどの影響も出てきます。
　歩幅が狭くなると歩行の効率が悪くなり，疲労感が増したり，バランスを崩しやすくなってしまいます。

31　つま先タッチ歩き

❶　右足を伸ばして前に振り出しながら，右足のつま先を左手の指先でタッチします。
❷　次に反対パターンを行って繰り返しながら進んでいきます。

POINT
・膝はなるべく伸ばした状態で，ゆっくり大きな動作で行いましょう。

32　ボールエレベーター

❶　床に仰向けになり，膝を伸ばした状態で両足首の間にボールを挟みます。
❷　両足を伸ばしながらボールを落とさず，頭側に立っている支援者にボールを足で渡します。

POINT
・膝をまっすぐにしたままでボールを渡しましょう。
・ボールの大きさは徐々に小さくしていきましょう。

カテゴリ：柔軟性

からだを反らして後ろを見ることができない

　「からだを反らして後ろを見る」とは，からだの後屈，体幹の伸展と言います。
　子どもによっては上体を反らそうとすると，首のみを後ろに反らしてしまい，体幹の伸展ができていないケースが見受けられます。

 からだの後屈ができない原因

「胸椎と背筋の柔軟性低下」
　「上体を反らす動作」というのはそれぞれの脊柱（頚椎，胸椎，腰椎）が伸展という動きでつくり出しています。
　その中でも，特に上体を反らす動作（伸展）に関与しているものは「背筋」や「胸椎」の動きになります。背筋や胸椎の動きがうまくいかないことで，上体を反らすことが難しくなってしまうのです。

 胸椎や背筋の動きが少ない場合

　胸椎の伸展が低下すると，猫背を助長させてしまい，姿勢の悪化を招くことがあります。胸椎の動きが低下すると胸郭の広がりが制限され，呼吸が浅くなることで脳へ十分な酸素が供給されにくくなり，集中力や疲労感の低下にも影響してきます。
　この場合，日常生活では靴下の着脱など「かがんだ状態」から立ち上がる時にバランスを崩しやすくなることも考えられます。

33 ボールおんぶ運び

❶ ボールを背中で「おんぶ」します。
❷ ボールを落とさないように、障害物を避けて進みましょう。

POINT
・ボールをおんぶする時は、からだが前屈みにならないように背筋をまっすぐにしましょう。

34 オットセイポーズ

❶ うつ伏せになり、胸の下に両手をついて肘を伸ばします。
❷ できるだけ上体を反り、顔を上げて20秒キープします。

POINT
・息を止めずにリラックスした状態で行いましょう。

カテゴリ：柔軟性

6 座りすぎて股関節が硬くなっている

　厚生労働省は「健康づくりのための身体活動・運動ガイドライン2023」の中で，長時間の座りすぎは体力および全身持久力の低さと関係していると報告しています。昔と比べて「座位時間の延伸」は，主にゲームや動画鑑賞という遊びの変化によるものだと考えられます。座位時間が長いと身体面にも影響され，股関節が硬くなることで動きが鈍くなってしまいます。

座る時間が長くなると

　日常生活で椅子に座っている時間が長いと，股関節周辺の筋肉が常に収縮した状態になり，硬くなりやすくなります。
　また股関節周辺の筋肉は，歩行や走行に重要な役割があるため，硬くなることで動きに「ぎこちなさ」が出ることもあります。

股関節が硬くなることによるデメリット

　長時間椅子に座って股関節が曲がったまま固定されてしまうと，膝周りの筋肉（腸腰筋，大腿四頭筋，ハムストリングス）も硬くなってしまいます。
　腸腰筋は腰を支える働きがあり，腸腰筋が硬くなると，腰への負担が増加し，腰痛を引き起こしやすくなります。
　また骨盤が前傾し，股関節の可動域が狭くなりやすくなることで，猫背や反り腰などの姿勢悪化にも繋がります。

35　ワニ歩き

❶　四つ這いになり，両手と両足を肩幅ぐらい開きます。
❷　片方の足を前に出しながら，反対側の足を後ろに伸ばします。
❸　次は反対の手と足を前後に移動させて，これを繰り返します。

POINT
・最初は手と足の幅を狭くして，慣れてきたら徐々に広げていきましょう。

36　川渡り

❶　2本の縄を並行に並べます。
❷　縄を横から渡るように跨いで，縄の間に落ちないようにしましょう。

POINT
・できるだけ，大股になるようにして縄を設置します。
・慣れてきたら徐々に2本の縄の間を広げていき，横歩きや後ろ歩きで「大きく跨ぐ」を意識してやってみましょう。

Chapter 2　運動療育おすすめプログラム100　069

4 筋力でからだを整える

　よく保護者から「うちの子どもにはどんな運動が必要ですか？」という声を聞くことがあります。
　個人差があるので，一概に全てが当てはまるものではないのですが，年代毎に必要な運動は存在します。ここでは「子どもの運動発達」を年代別に解説していきます。

 運動発達

　運動発達には，一般的に「発達順と方向」があります。
　まずは①からだの頭部から下部へ，②からだの中枢から末梢へ。③全体から部分へ。④両手使いから片手使いへ。⑤粗大筋から微細筋への傾向があります。

「生後から乳児期」
　頭部や首，肩，腕などの筋力が最も早く発達します。これは，首座り，ハイハイや掴まり立ちに必要な筋力になります。

「幼児期」
　体幹や足などの筋力が発達しやすい時期です。これらは安定した歩行，走行や跳ぶといった動作をするために必要な筋力になります。
　動きの土台となる体幹筋を刺激させることが重要な時期となります。

「学童期」
　全身の筋力がバランスよく発達します。偏った運動や遊びだけではなく，さまざまな動作が経験できる運動や遊びに取り組むことが重要です。

「思春期」
　ホルモンの分泌量の増加により，筋肉量が急激に増加します。負荷をかけた筋力トレーニングを行いたい場合はこの時期から始めると良いでしょう。

 ポイント

　運動発達支援を行う上で，子どもの該当する年代だけを見るのではなく，今どの段階にいるのかという「発達の現状」を知ることが重要です。
　発達には個人差があるので，周りと比べるのではなく「得意・不得意な項目」を評価して，次のステップへと向かっていきましょう。

カテゴリ：筋力

疲労と低緊張

　筋肉の張り具合を「筋緊張」といい，筋肉を動かす際には筋緊張のコントロールが重要になってきます。

　筋肉はゴムのような性質を持ち，「動作」にはある程度の「筋肉の張り」が必要になってきます。姿勢が保てない子どもは，筋肉の強さ（収縮力）が弱いだけではなく，筋肉の張りが低い「低緊張」のケースがあります。

 低緊張の原因は？

「運動発達の遅れ」

　「動作」は脳や脊髄からの神経伝達によってコントールされます。

　脳性麻痺や脊髄損傷等により，運動発達が未発達な子どもは，脳や脊髄から筋肉にうまく神経伝達がされずに筋肉のコントロールが難しくなるケースがあります。

 低緊張によるデメリット

　元々の筋肉の張りが弱いと筋肉の収縮力が十分に発揮されず，力を出しにくくなります。また，抗重力筋（姿勢を保つための筋肉）の張りも弱いため，姿勢が崩れやすくなります。低緊張の子どもは，椅子に座る・立つ・歩くといった重力に反する力が弱い傾向にあるため，それぞれの姿勢をとるために筋緊張を高める必要があります。そして筋緊張を高めながら姿勢保持や活動を行うことは低緊張の子どもにとって負荷が強く「疲れやすさ」に繋がるケースがあります。

37　鉄棒ぶら下がり

❶　手を伸ばした状態で鉄棒をしっかり握ります。
❷　鉄棒をしっかりと握れたら，膝を曲げてぶら下がり続けます。

POINT
・背筋を伸ばして肩甲骨を寄せるようにしましょう。
・まずは10秒を目指して，徐々に秒数を増やしていきましょう。

38　手押し車

❶　支援者は四つ這いの状態でまずは片足を持ちあげます。
❷　次に反対の足も支援者が持ってから，子どもは手を交互に前に出して進んでいきます。

POINT
・背中が反ったり，丸まらないように「まっすぐ」を意識しましょう。
・支える場所による負荷量は，太もも→膝→足首の順に強くなります。

2　カテゴリ：筋力

いつもソワソワして落ち着きがない

　「いつもソワソワして，落ち着きがない」との相談をよくお聞きします。
　人の動きというのは，「動」と「静」が調整されることで効率の良い活動ができ，「ここぞ」という時にからだを動かしたり，止めたりすることができます。
　「動」と「静」を調整することができれば，日常生活をバランス良く過ごすことができると考えています。

 ## いつも落ち着きがない原因

「脳へのインプットが敏感」
　周りからの情報量が多すぎると，脳でうまく処理できずに興奮状態となり，「からだを動かさずにはいられない」という状況になることがあります。
　ただ「落ち着きがない」＝「興奮状態」を言葉で抑えつけても，本人にとって解決には至りません。日常生活から「動」と「静」をこまめに繰り返し経験させることで，徐々に動きに緩急が生まれてきます。

 ## 落ち着きが必要な場面

　子どもに「落ち着いてほしい」という声は，学校や公共の場，集団生活を送る上で，親や教育者からよく耳にします。
　実際，学校の授業を集中できない，周りの活動がストップしてしまう……，などの影響がでることも少なくありません。

39 ダルマさんが転んだ

❶ 鬼を1人決めて，他の人は離れた場所にいきます。
❷ 鬼が「ダルマさんが転んだ！」と振り返った際に，他の子どもが動きを止められるかというゲームです。

POINT
・まずは走らずにゆっくり歩きながら止まれるようにしましょう。

40 ラッコの貝がら運び

❶ 仰向けになり，お腹にカラーマーカーや丸めた新聞紙を置きます。
❷ 貝を落とさないように仰向けのままゆっくり進んでいきましょう。

POINT
・慣れてきたら，仰向けのまま「お尻を浮かした状態」で貝を落とさないように進んでいきましょう。

3 カテゴリ：筋力
からだの土台である「体幹」とは

　「**体幹**」は頭や手足を除いた胴体部分で胸，背中，お腹，腰回りを指します。具体的な体幹筋には，「腹横筋」「横隔膜」「多裂筋」「骨盤底筋群」があります。この４つの筋肉は「インナーマッスル」と呼ばれ，内部から体幹を支えてくれています。
　この４つの筋肉を刺激させ鍛えることで，腹圧が高まりからだの土台がしっかりと整っていきます。

体幹が弱い子どもの要因

「神経学的要因」
　神経系が未発達で脳と筋肉の連携がうまくいかない場合，筋の出力調整が難しく体幹筋が弱いケースがあります。

「運動不足」
　生活習慣や遊びの変化により，子どもたちの１日の身体活動量が昔と比べて減っています。身体活動量が減っていく中で，体力を中心に体幹筋も弱くなっている傾向があります。

体幹筋の役割

　体幹筋が増大すると，姿勢保持の安定性，バランス力，運動のパフォーマンス向上，脳への血流増大による集中力向上などが期待できます。

41　ジャンプしてピタ！

❶　跳び箱や数枚重ねたマットの上からジャンプします。
❷　ジャンプ台の下にテープで描いた円の中に，ピタっと止まりましょう。

POINT
・着地の際は手や膝が床につかないようにストップしましょう。
・慣れてきたら，ジャンプ台と円の距離を少しずつ離していきましょう。

42　でこぼこ山のぼり

❶　ボールやクッションの上に，マットを敷きつめます。
❷　でこぼこの山を，転ばずにゴールまで歩いていきます。

POINT
・歩いてゴールまで進めない場合は，膝歩きや四つ這いになって進んでいきましょう。

カテゴリ：筋力

握力が弱い……

　現場で鉄棒のぶら下がりやボールを遠くに投げる動作を見ると，子どもの握力は年々低下している印象を受けます。

 握力が弱くなっている原因

「便利な道具の普及」
　昔と比べ蛇口や雑巾を使用する頻度が少なくなったことで，握力低下が進んだと考えられます。現在は手をかざすと自動で水が出てきたり，掃除は雑巾から，使い捨てペーパーに変わったりするなど，日常生活で「握る」ことが少なくなってきています。

 握力が低くなったことでのデメリット

　握力が弱いことで園や学校生活において，鉛筆の筆圧が弱い，工作や縄跳びがうまくできないなどの難しさが生じる可能性が挙げられます。
　日常生活では，ペットボトルの蓋やボタンの取り扱い，ファスナーの開け閉め，重たい荷物の持ち運びがうまくできない，または転倒時に手をついても体重を支持できずに顔を怪我してしまうというケースも見受けられます。

43　タオル綱引き

❶　長いタオルもしくは縄を準備します。
❷　対面同士でお互いがタオルの端を持ち，引っ張り合います。

POINT
・なるべく腰を低くして行いましょう。
・立つことが難しい場合は床に座った状態でやってみましょう。

44　新聞だんご

❶　新聞紙を1枚抜き取ります。
❷　両手で新聞紙をできるだけ小さく丸めてみましょう。

POINT
・小さく丸められるように，手の内側や指に力を込めましょう。

カテゴリ：筋力

肩甲骨を動かして肩こり予防

　肩こりは大人だけがなるものではなく，実は子どもの「肩こり」も多く存在します。

　厚生労働省が実施した「国民健康・栄養調査」をみると，15歳未満の子どもの肩こりの経験率は，1965年の3.4%から2019年の28.9%に増加しているというデータがあります。

 肩こりが多くなっている原因

「肩周りの運動量が少ない」
　肩周りの筋肉をあまり使わず，筋肉が緊張し続けることで，酸素や栄養が十分に届かず筋肉が硬くなります。

「目を酷使している」
　目の使い過ぎにより，目の周りの筋肉が緊張します。この「緊張」＝「力み」は，首や肩の筋肉にも伝わり，肩こりを起こす原因となります。

 肩こりによるデメリット

　肩こりがひどくなると，頭痛やめまい，吐き気，倦怠感などの症状を引き起こすことがあります。
　また肩関節の制限から，着替えなどにも影響してくることもあります。

45 カウボーイロープ

❶ タオルの端を持って頭の上でプロペラのように大きく回します。
❷ からだの前や横でも回してみましょう。

POINT
・疲労で肘が下がってくる傾向があるので，その場合は回数を細かく設定してチャレンジしてみましょう。

46 タオルでカラダ一周

❶ からだの前でタオルの両端をそれぞれ持ちます。
❷ タオルを離さないように，片足ずつまたぎ，背中を通って頭の上からからだの前に戻ってきます。

POINT
・子どものからだの大きさや柔軟性によって，タオルのサイズを変えましょう。

カテゴリ：筋力

力加減が難しい

力加減が難しい子どもは主に以下のような特徴がみられます。
・筆圧が強過ぎる，弱過ぎる
・人や物へのタッチが強い　など

力加減が苦手な子どもに対しては「声かけ」だけではうまく調整できないため，「固有受容器」を働かせる必要があります。

固有受容器とは自分のからだの位置や動き，力加減を感じる感覚です。

 ## 力加減が難しい原因

「固有受容器が調整できない」

自分のからだの位置や動き，力加減を感じる感覚は人ぞれぞれ違い，発達によっても感じるタイミングが変わってきます。

この感覚を刺激させることで，力加減の調整をうまくコントロールしてくれます。

 ## 力加減がうまくできない場合のデメリット

力加減の調整がうまくできない場合，日常生活に大きく関わってきます。人に軽くタッチしたつもりが強くなってしまった。筆圧が強過ぎる，弱すぎる。動きのまねをするのが苦手など，「力加減」は生活をしていく上でとても重要なことです。

47　丸太ころがし

❶　一人が床に両手・両足を伸ばした状態（丸太）になります。
❷　その丸太をもう一人が横側からゴロゴロ押したり持ち上げたりして転がしていきます。

POINT
・一人で「ころがし」が難しい場合は複数人で押してみましょう。
・人ではなくマットを丸めても「丸太」に代用できます。

48　うちわで運ぼう

❶　うちわを平らにして，布製のボールを上面に置きます。
❷　ボールを落とさないようにゆっくり運んでいきます。

POINT
・速く運ぶのが目的ではなく，「ゆっくりと正確に」を意識しましょう。

5 ボディイメージで自分を知る

「ボディイメージ」は日常生活にてどのような状況で発揮されるのでしょうか。

例えば，人が多い場所で人にぶつからないように歩く場合，自分のからだの大きさ，前から来る人との距離感などを把握した上で「避ける」を判断してからだで表現します。自分の輪郭などのボディイメージと，実際の距離感に相違があった場合には，人とぶつかってしまいます。

他にボディイメージが曖昧な場合のケースとして，
・ダンスの振りつけなど人の動きがまねできない
・うまく着替えができない
・人との距離感が近い，声が大き過ぎる
・自画像を描く時に，からだの一部のパーツがない
などが考えられます。

 身体地図と身体機能

ボディイメージは「**身体地図**」と「**身体機能**」の2つの項目を考える必要があります。

先ほどの「人混みで人にぶつからないように歩く」を例に挙げるとすると，
① 身体地図：自分のからだの大きさ，肩や手足の位置を把握する力
② 身体機能：人の歩く速さを認知し，それに対して自分のからだを動かす予測力と運動能力

これらの機能がうまく噛み合うことで「人混みで人にぶつからないように状況に応じた歩行」がスムーズにいくのです。

ボディイメージを養うために必要な要素

　ボディイメージは主に「触覚」「平衡感覚」「固有感覚」の基礎感覚と呼ばれる３つの感覚が調整されることで形成されていきます。

・**触覚**…………触ったものの形や素材を認識する機能を言い，物を見ていなくても素材や形を識別することもできます。
・**平衡感覚**……からだの位置（傾き）やスピードを感知し，視線の動きや安定性を図る機能があります。
・**固有感覚**……関節の曲がり具合や筋肉の張りを無意識でも認知できる機能です。

触覚

平衡感覚

固有感覚

　６歳ぐらいで基本的なボディイメージが形成されていくと言われています。幼児期からボディイメージを養うためには，これらの感覚を多く経験する必要があります。

　個人差があるため，苦手な感覚（遊び）がある場合は無理なく低刺激から始めてみてください。

カテゴリ：感覚

触覚を調整する

　触覚で物の固さや形，温度，質感などを認識します。また触覚を通して，自分と周囲の境界を認識し，自分のからだを知ることができます。

　触覚は人によって感じ方が違い，特定の刺激に対して「感じやすい（過敏）・感じにくい（鈍麻）」があり，「過敏・鈍麻」という点で日常生活にも影響がある場合があります。

 触覚が敏感，鈍麻の原因

　感覚受容器で受けた刺激を脳へ伝える問題や，脳で受けた感覚情報を認知する処理方法に何らかの原因があると言われています。

　感覚の過敏・鈍麻は個人差があり，治療して完治させるというより，対策や工夫，緩和をさせることで日常生活への影響を減らすことに視点を置くことが重要です。

 感覚の過敏，鈍麻による日常生活への影響

　個人差はありますが，触覚が鈍麻だと痛みに気がつかない，人との距離感が近い，食べ物をよく噛まずに飲み込むなどのケースがあり，場合によっては腕を噛むなど自傷行為が現れるケースも見られます。

　反対に，触覚が敏感だと，マスクや靴下，帽子を身に着けることや，人から手を繋がれるのを嫌がる，髪を切りたがらないなどのケースを見受けられます。日常生活を快適に過ごすためには，無理のないように「さまざまな触感を経験して感覚を調整していくこと」が重要になります。

49 ふみふみ歩き

❶ 床に感触がイボイボやプニプニ,ザラザラのクッションなどを置きます。
❷ さまざまな種類の感触の上を裸足でゆっくり歩いていきます。

POINT
・まずはそれぞれの感触がどのように感じたかを聞いて,子どもに合わせながら感触を変えていきましょう。

50 新聞紙ビリビリ祭り

❶ ザラザラの新聞紙やツルツルのチラシ,パリパリのすずらんテープなどさまざまな触感の紙などを用意します。
❷ 紙などをビリビリに破いて,床一面にばら撒いて感触を楽しみましょう。

POINT
・ビリビリにする素材の種類はできるだけ多く準備しましょう。

カテゴリ：感覚

自分のからだを知る

　「前庭感覚」は，耳の奥にある「三半規管」「耳石器」と呼ばれる場所を言い，自分のからだの傾きやスピード，回転を感じる感覚です。

 前庭感覚の主な3つの役割

① 脳の覚醒（目覚め）の調整
　前庭感覚がうまく処理できていないと，頭がスッキリせずに集中力が続かないことがあります。

② 姿勢やバランスの調整
　無意識に体の傾きや重力に応じた立位保持を調整してくれています。

③ 目の動きの調整
　「体をグルグル回すと目も回る」「目で追いながらボールを追いかける」など「目と体の動きの連携」も前庭感覚に関わってきます。

 前庭感覚の調整がうまくいかないと

　車酔いをしやすい。常にクルクル回らないと落ち着かない。文字の飛ばし読みが多い。姿勢に傾きがある，フラフラしているなどのケースがみられます。

51　トランポリンでタッチ！

❶　膝のバネを使ってできるだけ高くジャンプしましょう。
❷　ジャンプをして高いところにある風船や支援者の手までジャンプしてタッチします。

POINT
・難しい場合は支援者と手を繋いで一緒にジャンプしてみましょう。
・慣れてきたら，ジャンプする位置をテープで囲ってみましょう。

52　シーツゆらゆら

❶　床にからだより大きいシーツを敷いて子どもはシーツの上に，支援者は四隅を2人で持ちあげます。
❷　浮かした状態で，ゆっくり左右上下に揺らします。

POINT
・怖がらなければ，徐々に揺れ幅やスピードを大きくしていきましょう。
・強い刺激を好む子どもに「大きい揺れ」を経験させることで，前庭感覚の不足している部分が満たされて，落ち着いた状態になることも多いです。

3 カテゴリ：感覚
空間認知で危機管理能力を高める

「空間認知」とは，物の位置・形・大きさ・向き・間隔など，空間にある状態をすばやく正確に把握する能力のことを言います。

例えば，空中のボールをキャッチする際に，ボールの位置，大きさ，速さを把握してタイミングよくキャッチしようとします。状況に応じた「からだの使い方」はボディイメージの一つとなります。

空間認知を高めるには何が必要か

乳幼児期（0～5歳）は，視覚や触覚などの感覚情報の処理能力の伸び代が大きい時期のため，日頃から「空間認知」を意識した運動や遊びを取り入れましょう。

例えば，子どもと遊ぶ際は，「前後・左右・上下」などさまざまな方向にからだを動かすことで「空間認知能力」が養われます。

空間認知能力が低いと……

空間認知能力が低いと，大縄跳びのタイミングが合わない，身の回りの整理整頓が苦手，風船やボールをうまくキャッチできない，などのケースが見受けられます。

「空間認知能力の低さ」により，最も避けたいことは「交通事故」です。車との距離，速さなどを見誤ることにより横断歩道を渡るタイミングの判断がずれて事故に繋がってしまうことになりかねません。命を守るためにも空間認知能力は必要不可欠だと考えます。

53 お手玉ピタ！

❶ 床にテープで円形を，左右・遠近・高低などさまざまな場所に描きます。
❷ お手玉をそれぞれの円形の中に収まるように投げましょう。

POINT
・円形の大きさや場所によって，点数をつけて楽しみましょう。

54 フラフープくぐり

❶ 支援者が両手にそれぞれフラフープを持って，高さを設定します。
❷ 子どもは2つのフラフープに当たらないようにくぐっていきます。

POINT
・慣れてきたら，フラフープ同士の間に障害物を置いてみましょう。

カテゴリ：感覚

視覚優位と聴覚優位とは

　視覚優位，聴覚優位という言葉を聞いたことがあるでしょうか？
　これは「認知特性」といい，耳から入ってくる情報よりも，目からから入ってくる情報の方が処理しやすい場合は「視覚優位」，反対の場合は「聴覚優位」といいます。要は「目から覚えやすいか・耳から覚えやすいか」といったイメージです。

 なぜ視覚優位か聴覚優位に分けられるのか

　それぞれ利き手があるように，情報処理も視覚，聴覚に優位性があります。
　視覚，聴覚などの感覚を処理する脳の部分が異なっており，脳の発達によって視覚優位や聴覚優位といった傾向が違うことが考えられます。

 優位さの傾きが強い場合

「視覚」からの情報処理が過剰の場合
・口頭での指示が頭に入ってきにくい
・言葉で伝えるのが苦手
「聴覚」からの情報処理が過剰の場合
・人の顔を覚えるのに時間がかかる
・雑音の中で作業するのが苦手

　どちらが良いというわけではなく，「視覚・聴覚」のバランスが重要です。
日頃から，それぞれの感覚を司る部位を刺激させましょう。

55 ナンバータッチゲーム ※聴覚優位な子におすすめ（視覚遊び）

❶ 壁に数字が書かれたテープを貼り付けます（大きさを変える）。
❷ 1から10まで順に数字を手でタッチしていきます。

POINT
・数字が読めない子はテープを色分けして全色をタッチしましょう。

56 何回？ジャンプ ※視覚優位な子におすすめ（聴覚遊び）

❶ 支援者がリズム，回数を決めて手を叩きます。
❷ 支援者が手を叩き終わったら，「手のパン」と同じ回数をジャンプします。

POINT
・ジャンプ以外にも足踏みや太ももを叩くなど，音を使ってからだ全体を動かしていきましょう。

6 「静と動」の2つのバランス

　バランスは，「からだの位置や動きを認知した上で，姿勢を安定させてバランスを保つ能力」を言います。バランスを大きく2つに分けると，
　・静的バランス：安定した立位を保持する力
　・動的バランス：転びそうな際に重心を状況に応じて変化させる力
といったイメージになります。
　「静的バランス」と「動的バランス」どちらが得意・不得意なのかという確認から，子どもに応じて遊びや運動のバリエーションを考える必要があります。

 ## バランス力を鍛えるタイミングとは

　昔は木登りや竹馬など遊びの中で「バランス力」を養っていましたが，今は，安全性の観点や室内遊びの普及などから，日常で「バランス力」を養える機会が少なくなってきています。
　特に「バランス力」は，プレゴールデンエイジという，3〜8歳頃の過ごし方次第で大きく変わってきます。この時期は神経回路の成長が著しく，運動能力の基礎をつくる上で大切な時期となるため，バランス力を高める運動や遊びを積極的に取り入れていきましょう。

バランスを向上させるために必要な動き

　文部科学省の幼児期運動指針では，幼児期において獲得しておきたい基本的な動きの中の「体のバランスをとる動き」として，立つ，座る，寝ころぶ，起きる，回る，転がる，渡る，ぶら下がるなどを挙げています。

　バランス力を高めるためには，一つの運動や遊びを続けるよりも，上記のようなさまざまな動きを取り入れた運動や遊びを楽しみながら実施することが重要です。

 ## バランスを鍛えるメリットとは

「転倒予防」
　バランス力を鍛えていることで，躓いた際に咄嗟に足が出るなど「バランス力」によって転倒を防止できることがあります。
　実際，子どもは転倒を経験することで，バランス力が向上するケースもあるのですが，転倒した場所によっては大怪我になりかねません。そこで普段から転倒を最小限にするためにバランス力を鍛える必要があります。

「姿勢が良くなる」
　バランス力が向上することで「体幹」が強くなり，体幹が安定してきます。体幹の安定により姿勢が崩れにくくなるのです。

カテゴリ：バランス

安定した立位姿勢の獲得

　立位（りつい）とは文字通り，立っている状態を指します。
　立位は，寝ている状態や座っている状態と比べて，体重を支えるために必要な床面積（支持基底面）が狭くなるため，より「バランス」が必要になります。立位の不安定性は歩行に大きく影響してくるため，転倒リスクが高まってしまいます。だからこそまずは「立位」を安定させることが重要です。

 立位保持に必要な要素

立位保持に必要な要素は大きく分けて3つあります。

① 抗重力筋

　地球の重力に対して姿勢を保持するために働く筋肉のことで，主に体幹や下半身の筋肉が抗重力筋に含まれます。

② 感覚

　視覚，前庭覚などの感覚は，重心の位置や周囲の環境を把握するために重要です。感覚が低下すると，重心の位置を正確に把握できず，バランスを崩しやすくなります。また足裏の触覚も立位バランスに影響します。

③ 注意力

　例えば，「しりとりをしながら立つ」などの「ながら」は注意力が分散することで立位保持がより不安定になってしまうことがあります。周囲の状況に大きく左右されずに立位保持を獲得するためには，いかに周りの状況からの影響を少なくするかが重要になってきます。

57 線上歩き

❶ ラインや縄跳びを床にまっすぐ敷きます。
❷ 線の上から足が外れないように,線の上を継ぎ足で進んでいきます。

POINT
・難しい場合は,ラインや線を平行に2本敷き,その線の間からはみ出さないようにして歩くようにしましょう。

58 手押し相撲

❶ 対面にてお互い両手が届く範囲で立ちます。
❷ 手のひらで押したり引いたりして,バランスを崩して足が動いた方が負けです。

POINT
・怪我予防のため周りの環境に注意しましょう。

カテゴリ：バランス

片足立ちが苦手

　子どもの片足立ちは，一般的に3歳頃からできるようになってくるのですが，最近は小学生になっても片足立ちが苦手な子どもが増えてきています。

 片足立ちが苦手な原因

主に2つの理由が考えられます。
① 足の指が使えていない
　「足の指」は体重を支えるために重要な役割であり，足の指が地面や床を強く結びつけています。

② 姿勢に傾きがある
　姿勢に傾きがあると重心移動がうまくいかないことで，片足立ちは難しくなります。まずは自分のからだの中心や傾きを感じることが重要です。

 片足立ちが苦手だと……

なぜ片足立ちはできると良いのでしょうか。
　それは「歩行・走行の安定性」に繋がるからです。歩行や走行は，片足立ちの連続で成り立っています。片足立ちがうまくできなければ，スリ足のような歩き方になってしまい，躓きや転倒のリスクが高くなってしまいます。

59 コロコロゴールキック

❶ 対面になって、一人が両足を広げてトンネルをつくります。
❷ もう一人が足のトンネルの間を狙ってボールをキックして、通れば交代していきます。

POINT
・ボールをキックする際に、足先が床を擦らないように注意しましょう。
・トンネルへのゴールが難しい場合は、お互いにパスを行いましょう。

60 爆弾を踏まないように！

❶ コースにコーンやお手玉などの障害物を置きます。
❷ 障害物を踏まないように障害物を避けながら進んでいきます。

POINT
・効果を高めるために、大股になるような環境をつくりましょう。

カテゴリ：バランス

足関節戦略で転倒予防

　足関節戦略とは，立った際に足首（足関節）を中心とした筋肉の活動により，身体重心を安定した位置に保つための機能を言います。

　例えば，動いている電車の中で姿勢を崩さずに立っていられるのは，足首周りの筋肉が微妙に働いてバランスを保っているからです。

 足関節戦略の役割

　足関節戦略の役割は「小さい揺れ」に対して足首や足趾を微妙に調整して，からだ全体のバランスを調整して姿勢を制御するシステムです。地面と唯一接している足部はバランスを取るために重要な部分になるのです。

　そのため，足首や足趾がうまく機能していないと，「小さな揺れ」に対しての反応が鈍くなります。

 足関節戦略が低下していると

　バランス悪化により，転倒リスクは増大してしまいます。足関節戦略が低下すると，からだが前後や側方に傾いた際のバランス調整が難しくなります。それにより「外部からの力」に対して適切な反応が取れずに転倒してしまう場合もあります。

61 踵歩き

❶ つま先が床につかないように立って，踵だけで前に進んでいきます。

POINT
・バランスを保つことが難しい場合は，支援者と手を繋ぎながら一緒に取り組んでみましょう。

62 足裏ドリブル

❶ ボールの上に片足の足裏を乗せて，足裏だけでボールを前に転がしていきます。
❷ 八の字コースなどをつくってタイムトライアルに挑戦してみましょう。

POINT
・片方の足だけではなく，左右それぞれの足でチャレンジしてみましょう。

カテゴリ：バランス

ステッピング反応で身を守る

　ステッピング反応とは，バランスを崩した際に足を一歩踏み出すことで，支持基底面の面積を広げてバランスを保つ戦略のことです。

　例えば，躓きそうになった時に，からだが傾いた方向に足を一歩踏み出して踏ん張るというのは「ステッピング反応」が働いているからです。

 ステッピング反応の役割

　バランスを崩した際は，まず足関節と股関節の制御によって倒れないように耐えようとします。この2つでも耐えられない場合，足を踏み出すという「ステッピング反応」が無意識に発揮されるのです。要はバランスの「最後の要」といったイメージです。

 ステッピング反応が低下していると

　ステッピング反応がうまく機能しないと，「いざという時の踏ん張り」が出にくいため，転倒のリスクが増大してしまいます。

　ステッピング反応によって，からだの重心を支持基底面に収めることができているので，うまく機能していないと非効率な歩行となってしまい，からだに負担が余分にかかってしまいます。

63 足ジャンケン

❶ 立った状態で，最初はグーで両足同士をくっつけます。
❷ ジャンケンポンの「ポン」で両足を開いてパー，両足を閉じてグー，両足をクロスでチョキのポーズの中から，一つ選んで勝負をします。

POINT
・年齢的にジャンケンの勝敗の判断が難しい場合は，同じ格好になったらOKというルールで行ってみましょう。

64 回転ジャンプ

❶ 印をつけた場所の上に立ちます。
❷ 立った状態から，真上にジャンプしながらからだをできるだけ回転させて着地します。

POINT
・最初の状態からどこまでからだを回転させられるか，またはしっかり印の上に着地ができているかをチェックしましょう。

Chapter 2 運動療育おすすめプログラム100 103

カテゴリ：バランス

視覚とバランスの関係性

　人がバランスを取る際の視覚の割合は，約70%と言われています。
　例えば，立った状態で目をつむってみると，少しフラフラしてしまいます。それはバランスを取る時に「視覚」が関わっている証拠です。
　だからこそバランス力を上げるためには，「視覚も取り入れた運動や遊び」が重要になってきます。

 ## バランスを取る時の視覚の役割

「周囲の環境を把握する」
　視覚によって，地面の状態や周囲にある障害物などを認識することができます。これらの情報を基に予測することにより事前にからだを調整することができます。

 ## 視覚が低下していると

　「視覚」からの事前情報が少ないと，いざ躓きや転倒が起こりそうな際，適切な姿勢や動作が取れず，咄嗟に手が出なかったりするケースが起こる可能性があります。
　普段から，周りの状況を視覚で把握した上で「いざという時の準備づくり」はからだを守るために必要です。

65　ヒラヒラキャッチ

❶　対面になって一人が数色のシフォンスカーフを手で持ちます。
❷　スカーフを空中に投げた瞬間，例えば「青！」と言います。
　　そして呼ばれた色を床に落ちる前にキャッチします。

POINT
・慣れてきたら床に座った状態からスタートしてみましょう。

66　カラーコーン集め

❶　数色のカラーコーンを床に不規則に置きます。
❷　合図とともに同じ色のカラーコーンを積み重ねていきます。

POINT
・カラーコーンがなくても，同じ色を集めるということで折り紙を使ってもOKです。

バランス

Chapter 2　運動療育おすすめプログラム100　105

7 スムーズにからだを動かすための協調運動

　協調運動は，手と足，目と手など複数の身体部位を一緒に動かす運動をいい，大まかにボール投げや縄跳びがそれにあたります。

 3つの協調運動

「左右のコンビネーション」
　左右のコンビネーションとは，スキップやケンケンなどからだの左右が違う動きをする運動が含まれます。また左右のコンビネーションがうまくいかないと，歩く際に手と足が一緒に出てしまうなどの特徴が出ることがあります。

「手と指のコンビネーション」
　手と指のコンビネーションは，靴紐を結ぶ，ボタンを留める，鉛筆やお箸を使うなどが含まれます。手と指のコンビネーションが低いと，箸で何度もご飯を落としてしまったり，靴紐がなかなか結べない場合があります。

「目と手のコンビネーション」
　目と手のコンビネーションは，動いているものを目で追って，手を動きに合わせるといった運動です。空中の風船を捕まえる，動いているボールをタイミングよく蹴るなどが含まれます。このコンビネーションが低いと，タイミングがずれたり，状況を見ないで動作をするなどの場合があります。

スムーズな動きを獲得するための「運動学習」

「運動学習」は運動技能を向上させる方法です。

例えば「自転車に乗る行為」は慣れてしまえば、ほとんど転ぶことなく無意識に操作することができますよね。

例として「自転車に乗る」を獲得するまでの3つの段階を解説します。

① **認知段階**

まずは運動の目的や目標を理解します。

例）自転車の構造、進み方、乗るための要素を考えます。

② **連合段階**

試行錯誤を繰り返しながら、失敗を修正していく段階です。

例）実際に自転車に乗り、ペダルの漕ぎ方、ブレーキのかけ方、バランスのとり方をからだで覚えていきます。

③ **自動化段階**

意識をあまり向けなくても実行できる段階です。

例）周囲を見渡しながら無意識に自転車走行ができるようになります。

運動をスムーズに行うために、基本的にこの段階を積んでいくことが動きを獲得するまでの過程になります。

「運動の効果」は他に、練習量やフィードバック（成果に対する情報）によって影響してきます。支援者は子どもが継続して楽しく取り組めるような工夫と、結果に対する情報共有と次に繋がる言葉かけを心がけていきましょう。

カテゴリ：協調運動

自転車に乗ることができない

　自転車に乗れるようになるためには先ほどの「協調運動」が必要になります。
　協調運動とは，複数の筋肉や関節を同時に動かすことを言います。
　・自転車のバランスを保ちながら，周りを見る
　・ペダルを漕ぎながらハンドルをコントロールする
　・ブレーキをかけながら足を地面につける
　これらは自転車における「協調運動」の例になります。

 自転車走行に必要な要素

　自転車を安全に乗るにあたって，主に3つの要素があります。

① バランス力
　自転車走行においては，バランス感覚が最も重要な要素です。バランス感覚がないと，自転車が倒れてしまい怪我の原因になります。

② ペダルを漕ぐ力
　ペダルを踏み込んで進んでいくためには「力強い足腰」が必要です。

③ 視覚情報の認知力
　危険察知などの周囲の状況を把握するため，「視る力」が必要です。

67 お空にキック

❶ 子どもは仰向けに寝て、支援者は子どもの足側に立ちます。
❷ 片足ずつ浮かして、支援者の手を左右交互にリズムよくキックします。

POINT
・リズムが掴めない場合は、支援者が「イチ、ニ、イチ、ニ」とリズムを取りやすくなるように呼びかけてみましょう。

68 ゆらゆらだるま

❶ 床に座って両足裏をつけて上側の足首を掴みます。
❷ 倒れないようにお尻をゆっくりと左右に振ったり回したりしてみましょう。

POINT
・お尻が傾いた方とは反対側に上半身を傾けながら、ゆっくりと重心移動をしていきましょう。

カテゴリ：協調運動

縄跳びがうまく跳べない

　「縄跳び」は「ジャンプ中に手首を回す」と一連の動きに2つ以上の動作がある「協調運動」にあたります。

　縄跳びが跳べるようになる年齢は，個人差がありますが一般的には4〜5歳ほどと言われています。そのため，縄跳びを始める前から，ジャンプや手首の運動，タイミングを図る経験が「縄跳び」には重要になってきます。

 縄跳びがうまく跳べる要素

① **両足で同じ場所に跳ぶ**

　まずは両足で同じ場所をリズムよく跳ぶことが重要です。

　つま先で音をなるべく立てないようにすることを意識して跳んでみましょう。

② **手首を回す**

　縄を回す時，肩から腕全体を使って回そうとするとうまく跳ぶことができません。

　最初は肘をからだ側につけて，肘を固定して肘から手先にかけて縄を回すようにすれば，からだがブレずに安定して回せるようになります。

69 へびジャンプ

❶ へびのように揺れている縄を踏まないように両足でジャンプします。
❷ しっかり両足で着地できるように行います。

POINT
・縄の揺れは横揺れ，縦揺れ，早い，遅いなどさまざまなバリエーションで行ってみましょう。
・動いている縄を跳ぶのが難しい子は，止まった縄から行いましょう。

70 プロペラタオル

❶ 片手ずつタオルの端を持って，肘を腰の両側につけます。
❷ 肘を腰の横につけたままタオルを回し，タオルが下にきたタイミングでジャンプします。

POINT
・肘が体側から離れないように注意しましょう。

カテゴリ：協調運動

自分で着替えられない

　自分で着替えられるようになる年齢は，個人差はありますが4〜5歳頃からだと言われています。

 着替えに必要な要素

「姿勢のバランス」

　ズボンや靴下の着脱時に，片足立ちになる場合があり，姿勢バランスが崩れてしまうと転倒する恐れがあります。

　ズボンや靴下以外にも，両手を上げる，からだを捻るなどでもバランスを崩すケースもあります。

「上半身の動きの協調性」

　Tシャツを着る際，片方に腕を通して，反対側はシャツを押さえるなど，複数の動作である「協調運動」が含まれています。

　また，シャツの着脱は周囲が見えない状況下でもあり，より複雑になることも。

「ボディイメージ」

　自分のからだの位置や大きさ，向きを把握することで，スムーズな着替えを行うことができます。

71 からだタッチゲーム

❶ 支援者がからだの部位を言いながら、自分のからだの部位をタッチします。

❷ 子どもは、声と見本を頼りに自分のからだの同じ部位をタッチします。

POINT
・慣れてきたら、目をつむって声だけでからだをタッチしましょう。

72 色上げ下げゲーム

❶ 片手に赤色のボール、反対には白色のボールを持ちます。

❷ 支援者が「赤上げて！」と見本を見せながら言うと、子どもが支援者と同じ「赤色」を上に持ち上げます。これを上下繰り返していきます。

POINT
・さまざまな色にチャレンジしてみましょう。

協調運動

カテゴリ：協調運動

書字における目と手の協応運動

「筆圧が薄い濃い」「マス目からはみ出てしまう」「鏡文字になってしまう」など子どもの書字がうまくいかないという声をよく耳にします。

文字がうまく書けないという理由で，何回も「書く」を繰り返してもなかなか根本的な解決にはなりません。

書字の要素はさまざまありますが，主に「姿勢」と「目と手の協応運動」が大きく関わっています。

 姿勢

姿勢で書字は変わります。そのために書字の基本姿勢を知ることが重要で，基本的には股関節，膝，足首の角度をそれぞれ90°にしましょう。またお尻の位置を椅子の後方に位置付けて，足裏全体を床に接地させます。体幹が安定して，肩・肘・手首の動きが調整されることで，安定した書字を行うことができます。

 目と手の協応運動

目と手の協応とは，見た形や位置の情報と手を連動させる力のことです。書字には「目からの情報を指先でコントロールする」ことが必要になってきます。この連動がうまくいかないと，文字のバランスが悪かったり，大きさが均等にならなかったりするケースがあります。

73 お手玉キャッチ

❶ 左手でお手玉を持って，上に投げて右手でキャッチします。
❷ 左右交代をしながら，何回キャッチが続くか挑戦してみましょう。

POINT
・投げたお手玉から目を離さず，目からの情報で手の動きをコントロールすることが重要です。

74 ハイハイレース

❶ スタートとゴールを決めて，四つ這いになります。
❷ ハイハイで障害物を避けながらゴールを目指します。

POINT
・四つ這いの姿勢は肩周りや手首を刺激させてくれることから，手の平がしっかりパーになるようにしましょう。
・肘を突っ張りすぎず，曲げ過ぎにもならないようにしましょう。

8 視る力を鍛えて運動能力アップ

　私たちは外部の情報を「五感」（目，耳，鼻，舌，皮膚）を使って受け取りますが，「目」からの情報は全体の約8割とも言われています。
　そもそも目で「みる」という意味は主に2種類あります。
・見る……全体を捉えることをいい「様子を見る」に使います。
・視る……集中してものを視ることをいい，「注意深く視る」に使います。
　ビジョントレーニングの「ビジョン」には「視る」が主に当てはまり，読み書きや運動時に役立つ視覚機能の向上を目指したトレーニングを指します。
　ビジョントレーニングは，子どもの頃から意識することが重要で，6歳までに視覚機能の約80％がつくられると言われています。

 ビジョントレーニングで得られる力

「書字や読む力」
　眼球運動が向上することで，目を素早く正確に動かせるようになり，書字や本読みなどがスムーズになります。

「周りを視る力」
　視野が拡大することで，周囲の状況を把握しやすくなり，人混みや道路などにおいて身を守る安全性が向上します。

「運動する力」
　動体視力が向上することで，目で動いているものを追いかけたり，動いている人やものとの距離感を把握することができます。それによりスポーツで

の動きが良くなります。

 目はどこでも鍛えられる

　ビジョントレーニングと聞くと何か特別なプログラムが必要だというイメージをお持ちの方もいるかと思います。もちろん専門性の高い分野ではありますが，実は誰でも気軽に「ビジョントレーニング」を始めることができるのです。

　例えば，山や海の自然の風景を見たり，外で鳥や飛行機を探したり，はたまた室内で「○○を探そう」というような絵本を読むなど，日常生活でも「視る力」は養えるのです。

カテゴリ：視る力

眼球運動で追う力を養う

　子どもの「眼球運動」は生後から発達していきます。乳幼児期には、追視（目で追いかける動き）や、ものの位置や大きさの違いを認識するなどの能力を身につけていきます。

　眼球運動は、体を動かすために「みる」→「認知・処理」→「動作」の最初のステップとなります。この一連の流れをうまく連携させるためには「みる運動」を赤ちゃんの頃から多く取り入れることが重要です。

 眼球運動の機能と役割

眼球運動には主に3つの機能があります。

① **追従性眼球運動**

　線や文字列に合わせて目を追う、例えば、遠くに見える鳥や飛行機などと同じ速さで目を動かすなどの機能をいいます。

② **跳躍性追従運動**

　文章の行を変える、黒板とノートを交互に見るなど、目線を飛び飛びで移していく力です。

③ **両目のチームワーク**

　両目を使うことで距離感の調整ができます。近い距離を見る時は「寄り目」、遠い距離を見る時は「離し目」にして焦点を合わせます。

75 動く風船にボール投げ

❶ 風船を空中にポーンと高く投げます。
❷ 風船が床に落ちる前に、ボールを投げて風船を狙いましょう。

POINT
・慣れてきたら、距離を伸ばしたり、数色の風船を浮かして決めた色に向けてボールを投げましょう。

76 コロコロキャッチ

❶ マットを斜めにして、支援者が上からボールを転がします。
❷ 下にいる子どもは、転がってくるボールを床に落とさないようにキャッチします。

POINT
・最初は大きめのボールから始めて、慣れてきたら徐々に小さいボールに挑戦してみましょう。

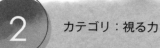

カテゴリ：視る力

環境を把握する力（視空間認知）

見た情報を脳が何であるかを認識することを「視空間認知」と呼びます。
視空間認知は記憶や運動にも関係しており，脳が「見たもの」をどう解釈するのかという重要な役割を担っています。

 視空間認知の役割

「ものと背景を区別する」

人を探している時や，信号を見る時に目的以外の背景って目に入りませんよね？

それは場面で欲しい情報のみを脳で区別するために必要な働きです。ここが未発達であると，全ての情報が均等に入ってきて，必要な情報の取捨選択ができない場合があります。

「空間的な位置を把握する」

見たものを立体的にイメージして，距離感やサイズ，方向などを無意識的に処理する力です。

「人にぶつからないようにする力」「車が近づいてくる距離や方向，速さを判断する力」に関わってきます。

77 棒避けゲーム

❶ テープで出てはいけない範囲を円形につくります。
❷ 支援者は円の外のさまざまな方向から棒（丸めた新聞紙など）でタッチするように狙い，子どもは円の中で棒に当たらないように避けていきましょう。

POINT
・慣れてきたら，棒の速度を変えたり，2本の棒などにチャレンジしてみましょう。

78 テープ迷路

❶ マスキングテープで床いっぱいに迷路をつくります。
❷ 線を乗り越えずに，歩いてゴールまで目指します。

POINT
・クリアしたら，線の位置を変えたりさまざまなコースに挑戦してみましょう。

カテゴリ：視る力

目とからだのチームワーク

　からだをコントールするまでには，第一に情報を「見て」第二に見たものを脳で「認知」します。そして第三に脳で認知した情報を基に「からだをコントロール」します。

　からだのコントトールの例として，前から飛んでくるボールを見て，ボールの大きさ・速さ・方向などの情報を脳で認知して，タイミングや手の広げ方や高さを調整して「ボールをキャッチ」となります。

　この一連の流れがスムーズにいくことで，状況に応じたからだのコントロールができるのです。

 目と体の関係性

　生後まもない赤ちゃんは，「見る」と「動く」がリンクしていません。少しずつ「もの」に興味が出てきて→触りたい→からだを動かす，といった段階になります。

　重要なのはさまざまな「もの」を見せて，興味を促すことです。「見て，動かす」を何度も繰り返すうちに目とからだの連携が濃くなっていき，日常生活で無意識に目とからだのチームワークが発揮できるようになります。

79 矢印ゲーム

❶ 子どもの左右にコーンを置くなど印をつけます。
❷ 対面にいる支援者が矢印の紙を順々に上下左右に向けていきます。上はジャンプ，下はしゃがむ，左右は印にタッチ，とその矢印の方向にからだを動かしていきます。

POINT
・ジャンプやしゃがむ動作が難しい場合は，左右のみの印タッチから始めてみましょう。

80 ラダー運動

❶ 床にラダー（はしご状の枠）の枠を10個ほど用意します（なければテープで枠をつくって代用も可）。
❷ ラダーの枠を踏まないように，よく見て枠の真ん中を一歩ずつ歩いていきます。

POINT
・慣れてきたら，グージャンプ，カニ歩き，グーパーなどさまざまなバリエーションを入れましょう。

9 「脳と運動」は密に繋がっている

「からだをコントロール」するために必要な要素として，筋力や関節可動域などがありますが，実は運動は「脳」とも密接に関係しています。

運動をすると，神経を成長させる BDNF（脳由来神経栄養因子）というタンパク質が多く分泌され，神経細胞が活性化しやすくなるとされており，運動と脳の成長は切っても切り離せない関係なのです。

特に運動は脳の3つの部位（大脳皮質・小脳・大脳基底核）と関わりが深く，それぞれに役割があります。

 運動と関わりが深い脳の3つの部位

「大脳皮質」

大脳皮質は脳の表面を覆う部分で，運動の指令を出す神経が多く集まっている領域です。機能として思考や判断，予測する力が備わっています。

「小脳」

小脳は脳の奥に位置し，運動の制御を担っています。運動の制御とは，目的のために「からだを思い通りに動かすこと」を指します。

「大脳基底核」

大脳基底核は脳の奥に位置し，運動の速度や力の調整をし，運動の円滑さをつくる役割を持ちます。意識的な動きをつくりだし，動きをスムーズにしてくれます。

脳を鍛えるポイント

　2〜6歳は脳の成長が著しく伸びる時期で，日常を過ごす上で子どもにとってどんなことに気をつけたらいいのか……。

　「脳と運動の関係性」を知っていただいたところで，子どもの頃から脳を鍛えるために押さえておきたいポイントを紹介します。

「睡眠」

　睡眠は記憶の整理や定着，神経ネットワークの強化などの重要な働きがあり，脳の成長には欠かせない行為となります。

　睡眠不足が脳に与える影響は，集中力や注意力の低下，判断力や決断力の低下，感情の起伏差の拡大などがあります。理想的な睡眠時間は個人差がありますが，3〜5歳は10〜13時間，6〜12歳は9〜12時間とも言われています。

「栄養バランス」

　バランスの良い栄養摂取は脳の成長にとって重要な役割を果たします。

　特に脳への成長に欠かせないのは，タンパク質（肉類，卵類，穀物），ビタミンB群（魚類，豚肉），葉酸（ほうれん草，レバー），亜鉛（レバー，ナッツ），DHA，EPA（青魚，エゴマ油）が挙げられます。

　また，朝食を摂ると脳のエネルギー源である「ブドウ糖」が形成され，脳の覚醒と活性に繋がります。ブドウ糖の具体的な効果は，集中力向上や疲労感の軽減，情緒面の安定などがあり，日常生活を元気に過ごすために重要な要素になるのです。

カテゴリ：脳と運動

見てまねる

　子どもは生後4ヶ月頃から親の顔を見て，親と同じような表情をするとの研究データがあります。

　より高度である「動作の模倣」は2歳頃から始めるようになり，動物や乗り物などのイメージをからだで表現するようになります。

　模倣動作を通して，からだを動かすための筋肉や関節の使い方を学びます。また，バランス感覚や協調性も身につくため，普段の遊びに「まねっこ遊び」を取り入れることをおすすめします。

 社会性の模倣

　模倣には「からだの動かし方」以外の役割もあります。

　子どもは模倣を通して，他者との関わり方やルール，コミュニケーションの方法も学びます。

　例えば，大人の元気よく挨拶をする，困っている人に対して親切にする，店員さんにお礼を伝える，などの言動を子どもがまねすることで，社会のルールや役割を理解することができ，より良い生活を送ることができるのではないでしょうか。

　だからこそ，大人は常に「子どもの見本であれ」，という思いを持って日々，行動していきたいと思います。

81 マネマネゲーム

❶ 支援者は子どもと対面になります。
❷ 支援者が「せーの」の合図で手を叩く,バンザイ,両手を頭に乗せる,などの動きをした直後に子どもが支援者のまねをします。

POINT
・慣れてきたら,少しずつスピードアップをして,座ったり立ったりと動きを大きくしていきましょう。

82 動物へんしん

❶ カニ,クマ,カエルなどさまざまな動物の動きを子どもに見てもらいます。
❷ 見本を見た後に,それぞれの動物になりきってみましょう。

POINT
・まずは,子どもが好きな動物やまねができそうな動物から始めてみましょう。

カテゴリ：脳と運動

からだの真ん中を知る

　自分のからだをコントールする上で，まずは自分のからだの中心を知ること＝「体軸」（正中線）が重要になります。

　体軸（正中線）とは，頭頂から尾部まで直線的な軸が通っているイメージで，からだの真ん中を通る軸を認識できない場合，自分では真っ直ぐ立っているように思っていても，実際は傾いているといったケースがよく見られます。

 体軸（正中線）を認知できることのメリット

① **姿勢の調整**

　からだの中心が整うことで，「傾き」などに違和感を覚え自身で調整できます。

② **疲労感の軽減**

　偏った軸では，特定の部位に負担がかってしまうため，痛みや疲労に繋がります。体軸を整えることで，筋肉をバランス良く使うことができます。

③ **力のコントロールが調整できる**

　左右バランスの取れた姿勢や筋肉で，安定した力を発揮できます。
　また動きが効率的になるため，持久力も向上します。

83　足裏ボールキャッチ

❶　仰向けに寝て，やや膝を曲げて両足を浮かせたままで準備します。
❷　足の上方より風船が落ちてくるので，タイミングを合わせて足裏で挟みましょう。

POINT
・足を空中で保持することが困難な場合は，立って両手の手のひらで挟むようにしてみましょう。

84　ロケットタッチ

❶　肩幅よりやや狭めに足を開いて，頭上に風船をセットします。
❷　胸の前で両手を合わせてから，手のひらを離さず腕を上に伸ばしてに頭上の風船を指先でタッチします。

POINT
・両手が胸の前と頭の上まで一直線に移動ができているかを注意してみましょう。

Chapter 2　運動療育おすすめプログラム 100　129

カテゴリ：脳と運動

3 正中線を越える

　「正中線を越える動き」とは，正中線（からだの真ん中）をまたぐ動作になります。例えば片方の手で反対側の膝を触る，などのイメージです。
　正中線を越える運動を取り入れることで，左右の脳の連携を発達させ，よりからだのコントロールがスムーズになっていきます。

 正中線を越える動作が苦手だと……

① 空間の認知が難しい
　周囲の空間や方向を正確に把握するのが難しい場合があります。これにより，急な方向転換や予測が難しくなり，人やものにぶつかるケースがあります。

② 動きのぎこちなさ
　からだを連携させることが難しく，捻り動作などの運動がスムーズでないことがあるため，動きにぎこちなさが見られることもあります。

③ 読書が難しい
　視線が正中線を超える際に，どこを読んでいるかわからなくなる場合があります。

85　ボールまわし

❶　2人が立って背中合わせになり、1人がボールを持ちます。
❷　お互いが同じ方向にからだを捻って、ボールを落とさずに送り合います。

POINT
・ボールを渡す際は、「せーの」などの声かけをして、タイミングを合わせてみましょう。

86　くねくね歩き

❶　床に引いた直線を踏まないように、足をクロスにして歩いていきます。
❷　線の右側に立っている場合は、右足を線の左側について、次は左足を線の右側の足の前につく、これを繰り返します。

POINT
・慣れてきたら、クマ歩きや、手押し車で線上をクロスしてみましょう。

10 運動の基礎は粗大運動

　粗大運動とは「からだの大きな筋肉を使った運動」をいい，粗大運動の発達は，体幹の強さ，バランス，協調性を養うために重要になります。
　粗大運動の例として「歩く，走る，跳ぶ，登る，転がる，投げる，持ち上げる」などからだ全体を使った運動が含まれます。

 粗大運動の発達段階

「乳幼児期（0～2歳）」
　幼児期に経験する粗大運動は「首すわり，寝返り，お座り，ハイハイ，つかまり立ち，歩行」などが挙げられます。

「幼児期（2～6歳）」
　幼児期はより応用動作が可能になり，特に「走る，前まわり，ボール投げ，スキップ」などができてきます。

「児童期（6～12歳）」
　体力や協調性が向上することで，スポーツの参加も可能になります。
　補助なし自転車や球技など運動をより楽しむことができるタイミングでもあります。

運動発達

　運動発達には原則があり，基本的には原則を意識して発達支援をする必要があります。

「順序性」
　個人差はあるもののおおよそ以下の順序で発育していきます。
　定頸→寝返り→座位→這う→つかまり立ち→歩く

「方向性」
① 頭部から尾部：首→腰→足
② 中枢から抹消：体幹→肩→腕→手→指
　　　　　　　　体幹→腰→足→足の指
③ 粗大運動から微細運動：大きい動き→小さい動き

　支援するにあたり，子どもの運動発達が現状どのあたりに位置しているのかを認識する必要があります。全ての動作の土台となる部分が体幹や粗大運動となるため，ゆっくり育てて「からだの土台」をつくっていきましょう。

カテゴリ：粗大運動

よく転ぶ

　特に1〜5歳ぐらいまでは子どもの動きが活発になる一方で，頭部と体のバランスやからだのコントロール力が未熟なため，転倒のリスクが高まります。

　子どもの転倒による怪我の半数以上は「顔面や頭部外傷」と言われており，転倒時に手を地面につく前に顔や頭部をぶつけてしまうケースが多くなっています。

　特に頭部外傷は後遺症を残す可能性もあり，「自分で身を防ぐ力」が必要になります。それはハイハイの経験不足からの「手の力（支える力）が弱くなっている」のも一つの要因として考えられます。

 転倒から身を守るために

「バランス力，筋力を養う」
　バランス感覚や体幹筋を向上させることで，転びにくくなります。

「足の指を使う」
　足指の力により，地面を踏み締めることでバランスを取っています。

「転び方を経験する」
　転倒時に頭を守るために重要になるのは「受け身」です。咄嗟に手が出ることと，手で自分の体重を支えられるようにからだの準備を身につけましょう。

87 壁押し

❶ 支援者がマットを床と垂直になるように持ちます。
❷ 子どもはマットごと端っこまで押し続けていきましょう。

POINT
・足の指でしっかり床を踏んでいきましょう。

88 マット運動

❶ 前まわり，寝ながらの転がり，三角座りでゆりかご，側転をします。
❷ 手を床につける経験を積みましょう。

POINT
・自分のからだを手で支えるタイミングを確認しましょう。

カテゴリ：粗大運動

歩き方，走り方がぎこちない

　「子どもの歩き方・走り方が気になる，ぎこちない」という相談をよく保護者の方から受けることがあります。他には「真っ直ぐに走れない」「左右に揺れながら歩く・走る」などもよく聞かれます。

 歩き方や走り方のぎこちなさの要因

① **真っ直ぐに走れない**

　「真っ直ぐに走れていない」と周りの人が気づくケースがあります。「体が傾いている」などの要因によって，自分では真っ直ぐに走れていないことに気づいていないケースも多くあります。この場合，からだの傾きを修正する力が必要になってきます。

② **左右に上半身を揺らしながら歩く・走る**

　特徴として，ワイドベースの可能性が考えられます。
　「ワイドベース歩行・走行」とは，足を広げることで安定性を確保する歩行・走行方法を指します。これはよく幼児期に見られる特徴であり，歩行能力やバランスが未発達な場合，バランスを取りやすくするために足を広げることがあります。
　この場合，バランス感覚を養い「足の幅」を小さくすることで，左右への振り幅も小さくなるケースがあります。

89 目隠しタッチゲーム

❶ 数メートル先にコーンを置いて,場所の距離や方向を覚えます。
❷ 目をつむってゆっくり歩いて,設置されているコーンの場所を予測してタッチできるかどうかというゲームです。

POINT
・安全を図るため,周りに障害物がないようにしましょう。

90 ハンカチ乗せゲーム

❶ 立った状態で頭の上にハンカチを乗せます。
❷ ハンカチを落とさないようにゴールまで目指します。

POINT
・慣れてきたら,八の字コースや障害物コースなどにチャレンジしてみましょう。

カテゴリ：粗大運動

ジャンプが苦手

　両足ジャンプは2歳頃からでき始める傾向にあります。
　ジャンプは足腰の力だけではなく，全身の筋力や足のつま先の力，タイミング，下半身の関節可動域などがクリアできることでジャンプに繋がっていきます。

 ジャンプができるまでの要素

　いきなりジャンプを練習しようとしても，なかなかうまくできません。まずは「スモールステップ」としてジャンプを細分化して考えていきましょう。

① **下半身の各関節を同時に曲げた状態でストップ**
　「しゃがんだ状態でタメ」をつくることがジャンプの前段階となります。まずしゃがむ動作のタメを試みようとしても，股関節のみを曲げてしまってお辞儀のような態勢になったり，足首を曲げてみても後ろに倒れたりしてしまう，というケースがよくみられます。
　まずは「しゃがんだ状態でストップ」をたくさん経験させてあげましょう。

② **下半身の筋肉**
　両足ジャンプには，下半身の筋力が必要になってきます。特に大腿四頭筋（太ももの前），下腿三頭筋（ふくらはぎ）を鍛えていきましょう。

91 アヒル歩き

❶ 腰を下ろしてつま先立ちになります。
❷ 両足を広げて腰を下ろした状態のまま進んでいきます。

POINT
・つま先立ちが難しい場合は，踵をつけて支援者と手を繋いでやってみましょう。

92 手繋ぎジャンプ

❶ 子どもと向かい合って両手を繋ぎます。
❷ 子どもと一緒にかがんで，同じタイミングでジャンプをします。

POINT
・床を蹴り出す瞬間は「せーの」と声を出して子どもとタイミングを合わせましょう。

カテゴリ：粗大運動

ボールがうまく投げられない

　スポーツテストの「ボール投げ」は，記録が年々低下傾向になっています。
　ボール投げの数値が下がっている理由として，公園でのボール使用禁止などによる野球離れ，生活習慣の変化による運動不足など考えらます。

 ボール投げに必要な要素

　「ボール投げ」は一連の流れで考えると複雑な動作が必要になります。後ろから前に重心移動を行い，片足を地面に着地，からだを利き手側に捻りながら，腰→肩→肘→手首の順に投げる方向を向いて，最後にボールが指から離れるというのが一般的な流れになります。
　ボール投げが苦手な子は特に，「足の踏み出し」と「からだの捻り」がうまくできていない場合が多いです。

① 足の踏み出し
　ボールを投げる際，重心を後ろから前に移動させますが，重心移動が苦手な子どもは前後左右で肩幅ぐらいの直径以上の動きの感覚が鈍い場合があります。

② からだの捻り
　足を踏み込んだ後は，からだを捻る動作が必要になってきます。捻る動作が少ないと，いわゆる「手投げ」になってしまいます。

93　紙鉄砲

❶　利き手に紙鉄砲を持ち，後ろに振りかぶります。
　利き手の反対側の足を前に出しながら体重を前方に乗せていきます。
❷　持った手を頭の後ろから前方に勢いよく振り下ろします。

POINT
・三角形の角が薄い部分を持ちます。
・振り下ろした時に，「パン」という音が鳴れば，手首のスナップが利いている証です。

94　手裏剣投げ

❶　壁に的となる印をつけます。
❷　手裏剣を利き手で持ち，持っていない側に腕と体を捻ります。
　そして体を正面に戻し，腕を伸ばしながら手裏剣を離します。

POINT
・動きの中で力が入る部分は，指から手裏剣が離れる瞬間です。
・手から離れる瞬間は，手首のスナップを意識しましょう。

11 微細運動で日常生活を快適に過ごす

　微細運動は「手先などの小さい筋肉を使った細やかな動き」を指し，微細運動の発達は，特に日常生活の箸づかいやボタンがけなどの手先の器用さに影響します。
　微細運動の例として「つまむ，離す，握る，持って書く」など手や指先を使った運動が含まれます。

 微細運動の発達段階

「乳幼児期（0〜2歳）」
　乳幼児期は，ものに手を伸ばす，指でものを摘む，積み木を持ち替える，積み木を4つ程まで積み重ねるといった，微細運動の初期の運動がこの時期にあたります。

「幼児期（2〜6歳）」
　幼児期はより手先を使うことが増え，箸を持つ，ハサミで紙を切る，折り紙で紙飛行機をつくる，一人で着衣ができるようになってきます。

「児童期（6〜12歳）」
　児童期は就学に伴って，靴紐を結ぶ，鉛筆で文字を書く，コンパス，楽器の演奏など，より高度な手先の動きが必要になってきます。

手の発達段階

　発達原理として，中枢から抹消にかけて発達していくため，小指から順に親指へ向けてうまくコントロールできるようになってきます。

　手の発達段階として，「月齢に応じたものの掴み方」も参考にすべきポイントとなります。

・0～6ヶ月：把握反射（手のひらに人の指や物が触れると握る反射）

・4ヶ月：尺側握り（小指と手のひらで物を挟む握り方）

・6ヶ月：手全体で物を掴む

・7～8ヶ月：橈側握り（親指を内側に寄せて挟む）

・10～12ヶ月：つまみ動作（親指と人差し指で物を挟む握り方）

　微細運動には，おもちゃなど子どもが夢中になれるきっかけがたくさんあります。日常生活の苦手動作を「微細運動」を通して如何に楽しく，または自信を持って取り組めるように，支援者や保護者による環境づくりが重要になってきます。

カテゴリ：微細運動

鉛筆で文字を書くのが苦手

- マス目から大きくはみ出てしまう
- 文字の形や向きをよく間違える
- 文字が汚く読めないことがある

これらの症状を「適当やおおざっぱ」だけで決めつけないで下さい。もちろん性格の影響もありますが，まずは「できない原因」を考えてその子のためのサポート方法を探りましょう。

 書くことが苦手の原因

「文字の形が頭に入らない」

　見本と比べて，文字の位置や向きなどに大きくバラツキがある場合は，視覚情報の処理がうまくいっていないかもしれません。

　また視覚過敏の子どもは，文字色や部屋の明るさによって黒板やノートの文字を認識することが難しく書字に影響することもあります。

「指先の力が弱い」

　正確でしっかりとした文字を書くには，「指の力」が重要です。

　指の力が弱いと，文字がうまく書けなかったり，書くのに時間がかかったり，疲れやすかったりします。

95 風船バレーボール

❷ 線やロープでコートをつくります。
❸ 風船をキャッチしないように,手首で弾いて相手にパスしましょう。

POINT
・風船から目を離さないようにしましょう。
・風船の色は落ち着いた色から始めて,慣れてきたらさまざまな色で試してみましょう。

96 ロープで運ぼう

❶ 丸めたマットにロープをくくりつけます。
❷ 両手でロープを引っ張りながら荷物を目的地まで運んでいきます。

POINT
・子どもの力に合わせて,荷物の重さを変えていきましょう。

カテゴリ：微細運動

箸がうまく使えない

　幼稚園に通い始める３歳頃から箸を使い始めて，そこから徐々に箸を使う機会が増えてくるかと思います。

　実際の食事で箸の練習をさせてしまっても，子どもにとってまだ「準備」ができていなければストレスになり，食事や箸を嫌になることがあります。

　箸練習を始めるタイミングとしては，スプーンを親指，人差し指，中指の３点を使って下から持つことができ，口まで食べ物を運べるかどうかが一つの目安となります。

 箸をはじめる前に必要なこと

① **親指，人差し指，中指の３本が固定・分離ができているか**

　箸をうまく使う為にはそれぞれの指を同時に付けたり，離したりできるかどうかが必要になってきます。

　具体的な目安として「素早くグー・チョキ・パーができる」が挙げられます。

② **左右の協調運動**

　食事を行う際，「利き手にお箸，反対はお茶碗を持つ」という，協調運動が必要になります。左右の協調性がないと左右の手の動きがうまく連動せず，箸か茶碗のどちらかが疎かになったりします。

97　洗濯バサミパチパチ

❶ 「洗濯バサミ」と「タコやイカ，ネコなどのイラストのラミネートカード」を準備します。
❷ 魚や動物の足，ヒゲの部分に洗濯バサミをつけていきましょう。

POINT
・洗濯バサミをつけ終えたら，次は一つずつ外していきましょう。
・親指，人差し指，中指の3本を使っているか確認しましょう。

98　くりひろい

❶ トングを準備して床にお手玉や布のボールを不規則に置きます。
❷ トングを使って，一つずつボールを拾ってカゴに入れていきましょう。

POINT
・ボールを拾う際は，膝をしっかり曲げて腰を落としましょう。

カテゴリ：微細運動

ハサミが苦手

「ハサミの操作」にはさまざまな要素が含まれています。
　主にハサミを持つ，保持する，開閉させる，まっすぐ切る，カーブを切るなどがあり，その中で何ができているか，できていないかを見極めることが大事です。
　ハサミがきっかけで，工作の時間や園・学校に行くのが億劫にならないように，運動を通してハサミ操作の土台を整えていきましょう。

 ## ハサミが苦手な原因

① 手首を立てられない

　「ハサミを空中で保持して切る」為には，手の甲を外向きにして固定させる持久力が必要です。ハサミをうまく操作できない子どもは手首を空中で固定できず，手の甲が上（肘の回内）の状態でハサミが横になってしまい，うまく切れないというケースがよく見受けられます。

② 両手それぞれが違った動きが難しい

　ハサミを操作する動作には「切る」と「紙を操作する」といった，利き手にハサミ，反対には紙を持つといったような両手のコントロール（協調運動）が必要になってきます。

99 うちわでゴール

❶ 軽く丸めた新聞紙と「うちわ」を準備します。
❷ カゴを横に倒した「ゴール」に向けて，丸めた新聞紙をうちわで扇いでいきます。

POINT
・うちわを扇ぐ際は，手の甲を外側に向けるように注意しましょう。

100 コップのビー玉移し

❶ 紙コップとビー玉を5個ほど準備します。
❷ 片方の紙コップに全部のビー玉を入れて，もう片方の空の紙コップをそれぞれ両手に持ちます。ビー玉が入っている紙コップから空の紙コップに，ビー玉を落とさないように移していきます。

POINT
・落とさずに連続で何回移し替えられるか挑戦してみましょう。

おわりに

「体を動かすことが人生をかえる」

　本書を手に取ってお読みいただき，ありがとうございます。

　はじめて運動療育に携わる方や保護者が，自宅でも気楽に取り組めるようなアプローチ方法を，お悩み毎に分けてまとめさせていただきました。

　「運動療育」はいくら支援者や保護者に知識があっても，それを実践しなければもったいないと感じます。だからこそ，できることを日々コツコツとアウトプットを行って子どもの成長に繋げていくことが重要です。

　特に運動が苦手・嫌い，運動不足の子どもは，運動そのものに抵抗を示すケースが多いため，まずは「楽しい」を第一に考えて子どもに合わせながらスモールステップで進めていきましょう。

　私が本書で一番お伝えしたいことは，「運動は手段であって目的ではない」ということです。目的は「人生をよりよく生きる」ためであり，運動（手段）によって身体面・精神面・社会性を養い，可能性を広げることで「生きることを楽しむ」ことが重要だと考えます。

　本書が少しでも子どもの人生を良くするための「きっかけ」になれば幸いです。

2024年7月

理学療法士　谷河　慎介

【著者紹介】
谷河　慎介（たにかわ　しんすけ）
1986年大阪府生まれ
株式会社のあ　代表取締役
理学療法士，児童発達支援管理責任者
2022年に兵庫県伊丹市にて児童発達支援・放課後等デイサービス「運動療育さとやま」を開設。現在，同市にて2店舗を運営。
2022年〜地域の幼稚園，保育園の巡回相談員として活動中。

〔本文イラスト〕ゆず

特別支援教育サポートBOOKS
はじめての運動療育
よくわかるガイド&おすすめプログラム100

2024年8月初版第1刷刊	Ⓒ著　者	谷　河　慎　介
	発行者	藤　原　光　政
	発行所	明治図書出版株式会社

http://www.meijitosho.co.jp
（企画）木村　悠　（校正）川上　萌
〒114-0023　東京都北区滝野川7-46-1
振替00160-5-151318　電話03(5907)6703
ご注文窓口　電話03(5907)6668

＊検印省略　　　　組版所　中　央　美　版

本書の無断コピーは，著作権・出版権にふれます。ご注意ください。

Printed in Japan　　　　ISBN978-4-18-142223-3
もれなくクーポンがもらえる！読者アンケートはこちらから

すべての子どもが楽しめるインクルーシブ教育教材
ボイスアンサンブル＆ボディパーカッション de リズム合唱

山田俊之 著

合唱はクラスが一つになれる魅力的な活動。でも音程を取ったり声量を調整したり、実はハードルが高いのです。そこでメロディやハーモニーはなくても声を合わせリズムで一体感を味わえるボイスアンサンブルを紹介！聴覚障害の子も参加〇K。音源はダウンロードできます。

B5判/104ページ/2,420円(10%税込)/図書番号 3186

明治図書　携帯・スマートフォンからは **明治図書ONLINEへ** 書籍の検索、注文ができます。▶▶▶
http://www.meijitosho.co.jp　＊併記4桁の図書番号（英数字）で、HP、携帯での検索・注文が簡単に行えます。
〒114-0023　東京都北区滝野川7-46-1　　ご注文窓口　TEL 03-5907-6668　FAX 050-3156-2790